美儒老師語文大講堂

在歡喜閱讀中，獲取語文實力

這些年，數百近千場的專題演講裡，不論是在針對父母師長的「全校親職教育」場合或中小學「教師知能輔導進修」，或到各縣市中小學週會巡迴演場次，甚至在國防部的在職軍官進修班裡，只要「不小心」一提及國文的語文能力，總是霎時「哀鴻遍野」。不管是爲兒女或學生或自己，似乎一面對國語文的表達，尤其是寫作能力，就束手無策、苦惱萬分了。

以我個人在建中紅樓任教三十年的經驗裡，發現一般學生對國語文的「恐懼感」，幾乎成了普遍的現象。縱使是奧林匹亞物理、數學、化學、生物的得獎高手，在我們初相識的課堂問卷中，竟然有高達百分之七十的學生，將「國文」放在「最害怕」的科目裡。

明明是從小熟悉的文字語言，爲什麼幾乎成了不分男女老少、不論行業職位，最恐懼、最沒有把握的「全民運動」？

這一切的肇因究竟是出在語文教學方法的偏差？還是學習軌跡上的誤謬？或

是太多回國文考試低分所造成的「距離感」？抑或因為屢次作文總是被師長評得「一無是處」所累積出的負面心裡反射？

其實，要擁有美好的語文表達能力，一點兒也不難；期待語文表達典雅、流暢，也可以輕輕鬆鬆、好好玩！

說話、作文都屬於語文表達的具體展現，語文表達要好，一定要從閱讀著手；但是古今中外的書籍，實在太浩瀚無際了，所以務必要有所選擇；有如在繁星閃爍的寰宇天際，擷取那最璀璨的星子。

因趣味而閱讀，從閱讀中酣飲無窮的智慧與趣味，正是閱讀的最高品味，更是奠定語文表達能力的最佳磐石。

遍覽群書、費盡心思撰寫〈美儒老師語文大講堂〉系列，原因無他，深深期切的是能幫助父母師長和無數的莘莘學子，脫離語文學習的困境，破除語文表達的夢魘，進而在快樂閱讀中，無形地增進了語文表達的能力，更潛移默化美好的身心靈修養。

從經典佳文、寓言故事、成語典故著手，再佐以國學常識、人物探索、文化追尋為輔，其中更添加苦心考據徵文、旁徵博引，充滿神祕又富人文知識的鄉野典藏、民間傳說等稗官野史，讓人在輕鬆閱讀中，咀嚼國學的趣味與芬芳。

在喜悅自在的閱讀中，獲取眞正的語文實力，更無形地得以霑溉歷代文學大師變化萬千、雄深雅健、溫柔婉約的遒勁筆鋒；還有那深入淺出，卻又精彩絕倫、奧妙有味的智慧結晶、人生哲理。

此書從《呂氏春秋》、《韓非子》、《柳河東集》和劉基的《郁離子》，摘錄了其間最經典又有趣的散文小品、寓言故事爲主體，以求古文今讀，精彩重現的境地。

所謂能登上「經典」大堂的文章，正是證明在歷史文明的洪流沖刷下，依然光芒燦爛，所以才能成爲千古絕唱的佳作；亦即表示在智慧薪傳中，任它歷經多少歲月，依舊令人怦然心動，仍然牽引著人們心底最深的眞情。

《三國志》有言：「書讀百遍，其意自見」，同樣的，讀多了經典文章、美言佳句，自然也會引發波瀾壯闊的思維或小溪涓流、落英繽紛般的美麗文辭，透過鑒往知今、明典知禮的文字洗禮；請相信，您的語文表達功力也已開始凝現具體了。

目次

古文今讀　現代經典

輕鬆讀寓言
快樂得高分。

輯 1

第一篇
從「三隻小豬渡河」的故事說起

三豕涉河

子夏之[1]晉，過[2]衛，有讀史記[3]者曰：「晉師三豕涉河[4]。」子夏曰：「非也，是己亥也[5]。夫『己』與『三』相近，『豕』與『亥』相似[6]。」至於晉而問之，則曰「晉師己亥涉河」也。辭多類非而是，多類是而非。是非之經[7]，不可不分，此聖人之所慎也。

《呂氏春秋．察傳篇》

◎國學實力加強站

西漢司馬遷著《史記》，凡一百三十卷，爲紀傳體之祖，紀事起於黃帝，迄於漢武帝，同時也是通史、正史的開山祖師。本名《太史公書》，魏晉以後世人則將《史記》一辭做爲司馬遷的著作專稱。

◎美言佳句不能忘

1. 辭多類非而是，多類是而非。
2. 是非之經，不可不分，此聖人之所慎也。

一、重要注釋

1. 之：往；到。這裡當動詞。
2. 過：路過；經過。
3. 史記：指記載歷史的書。
4. 三豕涉河：豕，豬。涉河，渡也，河指的是黃河。

5. 己亥：己ㄐㄧˇ，名詞，天干的第六位；例：甲、乙、丙、丁、戊、己。代名詞，對人稱自身的話；例：自己。亥ㄏㄞˋ，名詞，地支的第十二位；例：子、丑、寅、卯、辰、巳、午、未、申、酉、戌、亥。名詞，時辰名，夜間九點鐘到十一點鐘。名詞，姓。

6. 豕與亥相似，古文豕、亥作「□」「□」，字形十分相似。

7. 經：界限。

◎特別說明

己亥：古人以天干地支紀日，己亥，乃「日名」。所謂的「日名」，類似現代的「星期一」、「星期二」……「星期天」。

文化小知

天干與地支

【天干】ㄊㄧㄢ ㄍㄢ就是甲、乙、丙、丁、戊、己、庚、辛、壬、癸，稱爲十干。

【地支】ㄉㄧˋ ㄓ子、丑、寅、卯、辰、巳、午、未、申、酉、戌、亥等，十二個計時符號的總稱。

己亥：古人以天干地支紀日，己亥，乃「日名」。所謂的「日名」，類似現代的一日、二日……三十日、三十一日。如，三月二十九日，十月十日。

二、白話語譯

子夏要到晉國去，途經衛國，聽到有人在朗讀史書說：「晉國軍隊『三豕』渡過黃河。」子夏聽了說：「錯了。『三豕』應該是『己亥』。『己』字與『三』字形十分相近，『豕』與『亥』寫法也類似。」到了晉國一問這件事，果然是「晉國軍隊在己亥這天渡過黃河」。在言辭上有很多表面好像是錯誤其實倒是正確的，也有很多彷彿是正確，其實卻是錯誤。正確與錯誤的界限，不可不區分清楚，這正是聖人所特別謹慎的地方。

義理申論

在印刷術未發明之前，我國古書，屢經手抄傳寫，其中有很多字因爲形近而發生錯誤。例如豕的古文「[illegible]」與亥的古文「[illegible]」，字形相似，因此常有人書寫訛誤。在《呂氏春秋．察傳篇》中提到有人讀史書時，將「晉師己亥涉河也」看成「晉師三豕涉河」。「魯魚亥豕」這句成語，指的也就是這件事。

延伸閱讀

「豕」字知多少？

豕 ㄕˇ

「豕」字是獨立象形字，字形像豕的模樣，有頭、尾和四隻腳相前後的模樣。

豕，俗名豬，它是野豬的變種，身體肥胖，頭大而眼小，口吻長，並略向上彎曲，鼻端特別突出，耳朵有的向上聳也有下垂的，腳短，喜歡躺臥在陰濕污泥處，因此一般人形容肥胖或懶惰、貪吃等不良習慣，都以豬來作比喻，實在是對「豕」給了污名化。

《說文解字》解釋豕爲「彘也」，其實豕跟彘略有不同，豕是人所飼養的家畜，而彘是指野豬而言。「彘」字從矢，表示野豬不容易捕捉，必須借重矢箭之力才能獵獲的意思。例如「雞」和「雉」也是這樣，雞是家禽，而雉是野雞，从「矢」也就是表示雉需要藉矢箭才能捕捉。

「豕」與「豬」的辨正

豕：ㄕˇ，豬。

1. 豚：ㄊㄨㄣˊ，小豬。謙稱自己的兒子，爲「豚兒」，類似「犬子」的稱法。
2. 彘：ㄓˋ，豬的別稱。
3. 豵：ㄗㄨㄥ，比豚稍大的小豬。約三歲左右。
4. 豭：ㄐㄧㄚ，雄豬。
5. 豝：ㄅㄚ，母豬。
6. 豣：ㄐㄧㄢ，大豬。

◎成語代換：三豕涉河、魯魚帝虎、魯魚陶陰、魯魚亥豕。

人文成語典

1. 三豕涉河：用以比喻因文字的傳寫錯誤而誤用。

2.魯魚亥豕：言文字因外形的相近而傳寫造成的錯誤。

3.豕交獸畜：比喻待人無禮粗魯。

4.豕突狼奔：形容盜寇或亂兵的奔逃。

重要形音義辨正

己：ㄐㄧˇ，己時、自己。例句：A.【己飢己溺】ㄐㄧˇ ㄐㄧ ㄐㄧˇ ㄋㄧˋ看到別人受飢受溺，就像是自己使那人受飢受溺一樣。B【己所不欲勿施於人】ㄐㄧˇ ㄙㄨㄛˇ ㄅㄨˋ ㄩˋ ㄨˋ ㄕ ㄩˊ ㄖㄣˊ自己所不喜歡的，也不要給人家。

已：ㄧˇ，停止；例：不已。副詞，太過分；例：已甚。副詞，表示動作過去了的助詞；例：已往。助詞，文言中的語尾終了的助詞，和「矣」字通；例：是可止已。

巳：ㄙˋ，名詞，地支的第六位；例：子、丑、寅、卯、辰、巳。名詞，時辰名；巳時，上午九時至十一時。名詞，姓。

三、國學常識補給站

重要人物追蹤

子夏

姓卜，名商，字子夏，衛國人，孔門七十二大弟子之一。小孔子四十四歲。擅長文學，在孔門四大科（德行、政事、言語、文學）中，與子游同屬「文學科」，晚年曾於魏國西河地區，廣收子弟講學，成效卓著。曾為魏文侯師，軍事家吳起、李克亦出其門下。

與子夏有關的成語典故

西河之痛：悼人喪子之辭。語出《史記．仲尼弟子傳》：「子夏居西河教授，為魏文侯師，其子死，哭之失明。」這段文字記載的也就是說，子夏遭逢中年喪子，傷心哀痛得把眼睛都哭瞎了。後人於是將「西河之痛」代表中年喪子的意思。

◎附注

西河：指的是黃河西岸。

《呂氏春秋》

作者與年代	爲秦相呂不韋集門下客的集體作品。呂不韋，戰國時趙人。爲秦相時，招致食客三千人，使客著述所聞，而成《呂氏春秋》。又名《呂覽》。
學派	《漢書．藝文志》列爲雜家。
內容與影響	1.全書分八覽、六論、十二紀，計二十餘萬言。 2.內容以儒道思想爲主幹，參合法、墨、名、兵、農各家之學，兼容並蓄，其中論經世治國之道最多。取法自然而求周世用，切近理想而不違事勢。 3.此書以採摭博雜，故於先秦古籍，其已亡佚者，可由此書中略見一斑。
注釋	漢高誘注。

四、成語典故

這句成語原指商人把未來可能成爲稀罕的貨物囤積起來，以等待高價賣出。

《呂氏春秋》與「奇貨可居」

故事追蹤

話說戰國時代有個商人叫呂不韋，經常往來各國經商，有一回，呂不韋經商來到趙國首都邯鄲做生意，聽說秦王的公子子楚被質押於趙國當人質，雖然貴爲王孫，卻貧苦落拓得像個窮人家。

呂不韋雖然出身商賈之家，書讀得並不多，卻是個聰明、機巧，腦筋轉得快的人。當他發現子楚的身分背景後，內心即暗暗想著：「這個人（子楚）眞是個稀世珍品啊！耕田耘地的獲利最多不過是原來的十倍；販賣珠寶的利潤最多也不過百倍；如果能夠想辦法讓他當上秦國的國君，擁有天下，那這個利潤豈不是上千上萬倍嗎？」

於是，呂不韋馬上拿了大把金銀刻意去結交監守子楚的趙國大夫公孫乾（ㄑㄧㄢˊ），藉

◎**補充說明**：

人質：ㄖㄣˊ ㄓˋ，春秋戰國時代，各國經常互換公子王孫爲人質抵押，做爲互不侵犯的保證，有些類似買賣交易中貨物的抵押品。

此結識子楚成爲好友，再花巨金去巴結秦國太子安國君和太子最愛的寵妃華陽夫人。後來，呂不韋花了錢，發動各種人脈幫助子楚逃回秦國，臨行前還特地交代子楚一定要拜年紀比自己輕的華陽夫人當乾媽，同時惡補「楚語」，以接近華陽夫人。因爲來自楚國的華陽夫人本身並沒有生孩子，自從嫁來秦國之後，更是朝夕思念起她的家鄉母語——楚國話。後來，安國君即位爲孝文王後，不到兩年竟然就駕崩了，子楚立即繼位成爲莊襄王，爲了感激呂不韋那年對他的扶助之恩，拜呂不韋爲丞相。

鄉野流傳

在民間稗官野史中，更有這樣的流傳，說秦始皇（嬴政）的眞正父親，其實就是呂不韋。

說子楚的寵妃趙姬，原是呂不韋家中的歌妓，也是呂不韋的小妾；嬴政就是呂不韋把趙姬搞大了肚子後送給子楚的私生子；果眞如此的話，呂不韋這筆買賣投資的報酬率也眞是太划算了。

人文語典歷史背景

漢司馬遷《史記・呂不韋傳》：「子楚爲秦質子於趙，居處困，不得意。呂不韋賈邯鄲，見而憐之，曰：『此奇貨可居。』」

義理申論

呂不韋幫助子楚的行爲與過程，就好像商人囤積奇貨以求暴利的心理一樣。「奇貨」指的是珍奇罕見的物品；「居」有囤積的意思。「奇貨可居」是指把稀有罕見的珍貴物品特意收藏囤積，以等待好機會、好價錢時再予抛售，謀取高利。

古代成語現代活用

例句列舉

1. 眼見全球因氣溫升高，牧草欠收，牛奶量勢必減產，奶粉即將波動漲價下，有些不肖商人就開始「囤積」奶粉，以待將來高價賣出。
2. 每當颱風來襲，青蔥、蔬果總是「奇貨可居」，價錢飆漲得嚇人。

成語代換

1. **同義成語**：奇貨可居：囤積居奇、待價而沽。
2. **反義詞語**：血本無歸，多藏厚亡。

《呂氏春秋》與「一字千金」

「一字千金」這句成語的意思是：能增加或刪減、修改一個字，就送給他千兩黃金，後世則多用來比喻文章寫得非常好，無法更改一、二字。

故事追蹤

話說西元前二四九年，秦莊襄王子楚病死，丞相呂不韋擁立十三歲的太子（子政）繼位，這個小小少年郎就是後來統一六國的秦始皇；當時稱爲秦王政。

這時候的呂不韋眞是權大勢大，光是封地就有十二個縣、食邑洛陽十萬戶。他還聯合了許多黨羽手下，招攬了三千多個門客，從各方面爲自己樹立權威；秦王政，更尊稱他爲「仲父」。

官場得意、財富顯赫的呂不韋，並不以此爲滿足，他想到人生苦短，眼前榮華富貴，不免有結束消逝的一天，倒不如學著古聖賢著書立論，以求千古留名。

於是他把門下三千食客找來，要他們各就所長，全力蒐集資料，仿照孔子撰寫春秋的體例，從事編寫的工作。

經過大家的努力，終於編成了一部二十餘萬言的巨著，內容包括有八覽、六

◎附注
仲父：即叔叔，類似乾爹、乾爸爸。

論、十二紀，一共二十六卷，一百六十篇文章，以爲備天地萬物古今之事，書名叫《呂氏春秋》，又稱《呂覽》。

鄉野流傳

巨著完成，呂不韋更下令把這部書公布在秦都咸陽的城門上，貼出公告，懸賞千金，邀請各國諸侯謀士、賓客前來閱覽，說只要有人看了以後，能指出書中的一點錯誤，或增減、改動一個字的話，就可以得到一千黃金的重賞。

說眞的，在當時呂不韋可眞是權大勢大，那有人敢大膽爲自己惹麻煩的去更動它任何一個字，所以公布「一字千金」的告示，早已超過了兩個月，《呂氏春秋》也依舊一字未改。然而《呂氏春秋》這部巨著與「一字千金」的大手筆豪舉，卻使得呂不韋的名聲自此更是傳遍天下。

人文語典歷史背景

西漢．司馬遷《史記．呂不韋列傳》：「呂不韋乃使其客，人人著所聞，集論以爲八覽、六論、十二紀，二十餘萬言。以爲備天地萬物古今之事，號曰《呂氏春秋》。因內容包含儒、道兼採名、法、墨、農之說，《漢書．藝文志》列爲雜家。布咸陽市門，懸千金其上，延諸侯遊士賓客有能增損一字者予千金。」

義理申論

一字千金：刪改更動一個字，就賞賜千兩黃金；後世則用以形容文章言詞內容十分可觀，非常有價值。呂不韋完成了《呂氏春秋》巨著之後，秦王政忌不韋「借此書以收覽眾譽，買天下之人心」，不久即免去呂不韋的相國職位，謫放河南，又命徙蜀，不韋恐終不免誅，於西元前二三五年飲酖（ㄓㄣˋ）自殺。

古代成語現代活用

例句列舉

1. 陳教授著作的經濟學理論，可稱是立說精密，一字千金。
2. 歐陽修的《縱囚論》，眞是翻案文章中之極品，可謂「一字千金」，擲地有聲呀。

成語代換

1. **同義成語**：一字千金、擲地有聲、字字珠璣。
2. **反義詞語**：廢話連篇、驢鳴犬吠、不知所云。

◎附注
「延」諸侯遊士：請的意思。

《呂氏春秋》與「刻舟求劍」

「刻舟求劍」這句成語的意思是說，有人在行船時掉了一把劍到江裡，結果這個人在舟上刻下記號，待舟止後，再去尋找墜劍。比喻一個人拘泥固執，不懂得變通。

故事追蹤

話說《呂氏春秋．察今篇》記載：

「楚人有涉江者，其劍自舟中墜(ㄓㄨㄟˋ)[1]於水，遽契[2]其舟曰：「是[3]吾劍之所從墜。」舟止，從其所契(ㄑㄧㄝˋ)者，入水求之。舟已行矣，而劍不行；求劍若此，不亦惑乎？」

注釋

1. 墜：音ㄓㄨㄟˋ，落下去、掉下去。
2. 遽契：「遽」，音ㄐㄩˋ，急忙、快速的意思。「契」，音ㄑㄧˋ，這裡同「鍥」字，音ㄑㄧㄝˋ，用刀刻稱之「鍥」，如：鍥而不舍，金石可鏤。
3. 是：此，這裡。

◎美言佳句不能忘
舟已行矣，而劍不行；求劍若此，不亦惑乎？

◎附注：語出《荀子．勸學篇》，意思是只要不間斷的雕刻，就是金石般堅硬的東西也可以刻上去。

白話語譯

「楚國有個乘船渡河的人，他在渡河的時候，劍從船上掉到水裡，就急忙地在船上刻上記號，說：『這裡是我劍掉下去的地方。』等到船靠岸停下來，他就從船上所刻記的地方下水去尋找掉落的劍。船已經移動了，而劍並不會跟著船走，像這樣尋找掉落劍的方式，不是很令人疑惑嗎？」

人文語典歷史背景

呂不韋，戰國時代陽翟人，原爲富商，因資助秦始皇之父（子楚）繼位登基有功，而被任爲秦國丞相，封「文信侯」；秦始皇即位後，更尊其爲「仲父」。呂不韋眼見當時孟嘗君等「四大公子」廣招門下食客，認爲身爲強秦豈能輸人？於是重金厚禮求賢人，門下食客亦達三千，權傾一時。後來始皇成年親自執政，免其相國一職，謫貶出京，呂不韋自度不久恐誅，乃飲酖而死。

《呂氏春秋》寓言多以歷史故事爲主軸，構思嚴整細密，通常先提出論點，繼以一至數則寓言佐以論證，使得數則寓言通達於一理；富邏輯思維亦不乏其辯證性，讓人容易從一連串故事中體會本旨大意。

義理申論

刻舟求劍：在行船墜劍處做記號，等船靠岸之後再循記號下水找劍；後世多用來形容一個人做事或思考方式拘泥己見，不知變通，墨守成規。刻，音ㄎㄜ，當「刻下記號」的意思。

◎附注
「刻」骨銘心：音ㄎㄜˋ。
「刻」不容緩：音ㄎㄜˋ。

古代成語現代活用

例句列舉

1. 一個人做事如果無法依現況而做適度的變革，而只知一味的「刻舟求劍」，是不可能成功的。
2. 處世之道要知方圓，若是一意堅持「刻舟求劍」，只怕難以有成。

成語代換

1. **同義成語：**膠柱鼓瑟、引嬰投江、墨守成規、食古不化。
2. **反義詞語：**因事制宜、知圓行方、通權達變。

《呂氏春秋》與「引嬰投江」

引嬰投江：直接從字面上來解釋，這個動作實在十分驚悚且殘酷；「引」當牽或拉解釋，也就是拉著小嬰兒（娃娃）要把他投入江水中。後世則將這個成語典故比喻爲固執不通、拘泥舊法的愚昧行爲，與「刻舟求劍」有異曲同工之妙。

故事追蹤

話說《呂氏春秋．察今篇》記載：

有過[1]於江上者，見人方引[2]嬰兒而欲投之江中，嬰兒啼，人問其故[3]，曰：「此其父善游。」其父雖善游，其子豈遽（ㄐㄩˋ）[4]善游哉？以此任物[5]，亦必悖（ㄅㄟˋ）[6]矣。亂國之爲政，有似於此。

注釋

1. 過：路過、經過。
2. 引：拉、牽。
3. 問其「故」：原因。
4. 遽：音ㄐㄩˋ，突然快速貌。

◎**美言佳句不能忘**

1. 其父雖善游，其子豈遽善游哉？
2. 以此任物，亦必悖矣。

5. 任物：處理事情、事物。

6. 悖：音ㄅㄟˋ，當荒謬、誤謬的意思。

白話語譯

有個人路過江邊，看見有一個人正牽著一個嬰兒想要把他投入江中，嬰兒嚇得哭起來，路人就問這個人原因，他回答說：「這嬰兒的父親很會游泳。」嬰兒的父親雖然善於游泳，他的孩子難道就一下子也善於游泳嗎？天下事用這種想法處理，必定會錯誤百出；混亂國家朝政的執政方式，跟這種情形相類似。

人文語典歷史背景

一個人如果拘泥舊法，食古不化，自以爲是，往往就會做出愚昧無知的判斷與行爲；就像這個引嬰要投江的人一般無知，他以爲孩子的父親是游泳健將，這個娃娃不必學習也就天生會游泳。終究游泳技術是無法靠先天遺傳的，人物對象改變，泳技自然也不同，引嬰投江者不明其中道理，也就犯了如此可怕又可笑的錯誤。

義理申論

引嬰投江：形容一個人因食古不化，思想偏執而近乎愚昧無知，往往也就會做出可怕、荒謬的作爲。呂不韋故意提出這個故事，主要在警戒所有爲政者，如果也像這個「引嬰者」的處事方法，國家必走向敗亡紛亂。

古代成語現代活用

例句列舉

1. 一個人如果不能跟上時代的腳步而轉變，有時候不免就會做出「引嬰投江」的愚行。
2. 「引嬰投江」的故事，可以帶給食古不化、不能隨時事權變者，不小的警惕。

成語代換

1. **同義成語：**墨守成規、食古不化、刻舟求劍。
2. **反義詞語：**通權達變、因事制宜、知其方圓。

《呂氏春秋》與「循表涉灉」

循表涉灉：本義是根據測水標記而渡灉水，後世則將此典故比喻為不知變通的作為，與「刻舟求劍」、「引嬰投江」相似。

故事追蹤

話說《呂氏春秋‧察今篇》記載：

荊[1]人欲襲[2]宋[3]，使人先表[4]灉水[5]。灉水暴益[6]，荊人弗知，循表而夜涉，溺死者千有餘人，軍驚而[7]壞都舍[8]。嚮[9]其先表之時可導[10]也，今水已變而益多矣，荊人尚[11]猶循表而導之，此其所以敗也。

今世之主，法先王之法也，有似於此。

注釋

1. 荊：春秋時楚國舊名。楚國本在荊山一帶建國，故古稱「荊」。楚國據現今湖北全省，北至河南南方，東達江西、安徽、江蘇西南小鎮，南到湖南北方，西至陝西東南、四川之東。
2. 襲：突襲、襲擊。

◎美言佳句不能忘

1. 軍驚而壞都舍。
2. 荊人尚猶循表而導之，此其所以敗也。

3.宋：古國名，周朝分封微子的地方，約在今河南省商邱縣。

4.表：本指測水器，此處作動詞用，即做標記、記號。

5.澭水：澭，音ㄩㄥ，古河名。

6.暴益：突然上漲。暴，音ㄆㄨˋ，突然。益，同「溢」，漲、滿出來。

7.而：如、好像。

8.壞都舍：指都城房舍倒塌。壞，倒塌；崩潰。都舍，都城房舍。此爲倒裝句，應爲「都舍壞」。

9.嚮：先前，通「昔」字。

10.導：徒步涉水。

白話語譯

楚國軍隊想襲擊宋國，派人先到澭水岸邊做好標記。未料澭水突然暴漲，楚國人不知道，依然根據原先做的標記在深夜裡渡河，結果淹死一千多人，士兵驚嚇發出的聲音好像都城房舍倒塌崩潰一樣。依先前做標記的時候，是可以徒步涉水過河的，而現在水位已經改變而且暴漲，楚軍卻還是根據先前的記號渡河，這就是他們所以失敗的原因。

現今的君主，如果只是一味效法先王的法令制度，就類似楚人循表涉河一般。

人文語典歷史背景

在「循表涉澭」這個寓言故事裡，作者巧妙運用了歷史傳說，藉由楚軍面對河水暴漲，卻仍死守先前所做的標示徒步過河，以致造成一千多人慘重的傷亡。文中援引故事，明確地傳遞了不知變通必食惡果的道理，甚至明白點出楚軍的失敗全在於「循表而導之」。

義理申論

循表涉澭：跟「刻舟求劍」、「引嬰投江」的意思相似，都是用來形容一個人處事言行，因拘泥不化而做出魯莽、錯誤愚昧的行爲。

其實「循表涉澭」、「引嬰投江」、「刻舟求劍」三篇寓言故事，皆出自《呂氏春秋‧察今篇》。主要說明爲人處事，乃至爲政者，一定要懂得「世易時移，變法宜矣」的重要道理，否則一味的泥古不化，執意固執拘泥於老觀念、舊法則來行事的話，終必做出愚人之行，錯誤之舉，甚至危害整個國家朝政、人民的生存。

古代成語現代活用

例句列舉

1. 在這瞬息萬變的時代，如果不能因時制宜，終將掉入「循表涉澭」的悲劇結局。

2. 「循表涉澭」、「刻舟求劍」大都是固執己見、不肯與時勢變化同步，不知權變者的愚人之行。

成語代換

1. **同義成語：**刻舟求劍、引嬰投江、食古不化、墨守成規、執意拘泥。

2. **反義詞語：**通權達變、因時制宜、有方有圓。

比喻文字典籍之誤謬

1. 三豖涉河：原作「己亥涉河」，卻被誤爲「三豖涉河」。用以喻被人誤用、誤讀的文字。

2. 魯魚亥豖：指文字因形近而誤寫、誤用。

3. 魯魚帝虎：文字的訛傳。用以形容文字的錯誤而以訛傳訛。

4. 別風淮雨：原作「列風淫雨」，卻誤爲「別風淮雨」。因字形相似產生的錯誤，或指別字連篇，以訛傳訛。列風：強風。淫雨：雨下個不停。
5. 郢書燕說：指穿鑿附會之說。
6. 郭公夏五：出自《左傳》，喻文字脫落。

珠璣佳言・名人錄

1. 一年之計在於春，一日之計在於晨，一生之計在於勤。
2. 《淮南子・原首篇》：「故聖人不貴尺之璧，而重寸之陰，時難得而易失也。」
3. 朱熹〈偶成〉：「少年易老學難成，一寸光陰不可輕，未覺池塘春草夢，階前梧桐已秋聲。」

來，小試一下你的「一」字成語識多深？

1. 一呼百諾 (A)軍令嚴明，同進同退 (B)樂聲和諧美妙 (C)僕役眾多，權勢很盛。
2. 一葉知秋 (A)舉一可以反三 (B)見微可以知著 (C)從現在可以窺見未來。

◎附注
計：規畫 計量
「尺之璧」：直徑盈尺的璧玉。

3. 一日九遷 (A)謂升遷之速也 (B)見異思遷意志不堅 (C)與孟母三遷義同。

4. 一手遮天 (A)玩弄權術，瞞上欺下 (B)武功高強 (C)恩惠普及天下

5. 一之謂甚 (A)一定要這麼說就太過分了 (B)古文把一解釋成「甚」 (C)雖只一次也嫌過分。

6. 一國三公 (A)民主國家之三權鼎立 (B)老成謀國之大臣 (C)事權之不統一。

7. 一丘之貉 (A)喻臭味相投的人 (B)打獵收穫甚豐 (C)胸中城府很深。

8. 一孔之見 (A)視力之差 (B)拘泥不通，固執己見 (C)見識淺薄。

9. 一言九鼎 (A)說話很有分量 (B)好自吹自擂 (C)責備別人的話，說得很重。

10. 一日三秋 (A)喻思念之殷切 (B)喻氣候不穩多變 (C)謂人情心志意不堅。

11. 一倡三歎 (A)文詞感情豐富，婉轉纏綿 (B)感慨萬千 (C)隨聲附和。

12. 一時口惠 (A)偶然享受到的口福 (B)口裡說幫他人的忙，事實上卻沒去做 (C)突然之間口齒伶俐起來。

13. 一得之愚 (A)雖是愚者，對某項事情，亦有一些可取的見解 (B)資質魯鈍 (C)做事沒有主張。

14. 一片冰心 (A)突遭巨變，心如止水 (B)讚美他人心境高潔清明 (C)形容女

子美麗之貌。

15. 一介不取　(A)形容一個人十分吝嗇　(B)形容一個人孤單一身　(C)形容一個人操守廉潔。

答案：
1. C　2. B　3. A　4. A　5. C　6. C　7. A　8. C　9. A　10. A　11. A　12. B　13. A　14. B　15. C

第二篇

爲了買鞋子傷腦筋

鄭人買履

鄭人有且[1]置履(ㄌㄩˇ)[2]者，先自度(ㄉㄨㄛˋ)[3]其足，而置之其坐[4]。至之市[5]，而忘操[6]之。已得履，乃[7]曰：「吾忘持度[8]。」反歸取之，及反，市罷(ㄅㄚˋ)，遂[9]不得履。人曰：「何不試之以足[10]？」曰：「寧信度，無[11]自信也。」

《韓非子・外儲說》

◎特別說明

「鄭人買履」成語典故：此成語用來形容一個人做事行為，捨本逐末，本末倒置，以致一事無成。

◎美言佳句不能忘

1. 鄭人有且置履者，先自度其足。
2. 寧信度，無自信也。

一、重要注釋

1. 且：將要；將；欲。
2. 履：音ㄌㄩˇ，鞋子的通稱。
3. 自「度」：音ㄉㄨㄛˋ，當動詞，測量。
4. 其「坐」：通「座」，即座位。
5. 至之市：等到到了市集。至，及至、等到。之，往。市，市集，古以日中爲市，日晚則市散。

6.操：拿、持。

7.乃：才。

8.吾忘持度：我忘了拿量好的尺寸。度，音ㄉㄨˋ，這裡當名詞，指量腳所得的尺寸。

9.遂不得履：結果沒買到鞋子。遂，結果、最後。

10.試之以足：用自己的腳去試穿。即「以足試之」的倒裝。以，用也。

11.寧信度無自信：寧願相信量好的尺寸，也不相信自己的腳。寧，寧願。無，通「毋」，不要。

二、白話語譯

鄭國有一個人將要去買鞋子，於是先度量自己的腳，再把量好的尺寸放在自己的座位上。等他到了市集，卻忘了把那量好的尺寸帶去；到了賣鞋的地方，才說：「我忘了拿量好的尺寸來。」他於是回家去拿腳的尺寸。等到再回到市集時，市集已經結束了，結果沒買到鞋子。有人問他：「爲什麼不用自己的腳去試穿？」他回答說：「我寧願相信量好的尺寸，也不要相信自己的腳。」

義理申論

韓非藉著鄭人「寧信度，無自信」的作爲，跟最後連鞋子都買不到的結果，鮮明強烈的諷刺爲政者，如果一意取法先王而不知權變時事的行事風格，必導致國家走向窮途末路。

「履」字知多少？

履，音ㄌㄩˇ，1.鞋子的通稱，當名詞。2.當動詞，例a.如「履」薄冰。b.老人曰：「履我！」即是爲我穿上鞋子的意思。

屨，音ㄐㄩˋ，麻製的鞋子。

屣，音ㄒㄧˇ，鞋子。例：棄之如敝屣。

屐，音ㄐㄧ，木底鞋。例：木屐。

屩，音ㄐㄩㄝˊ，草鞋。

屧，音ㄒㄧㄝˋ，襯在鞋子裡的東西，也可以當「木鞋面」解釋。

認識集法家大成的韓非

韓非，戰國末期韓國的公子，生年不詳（約西元前二八〇年），卒於秦王政十四年（西元前二三三年）。

韓非出身為韓國的貴族，生於戰國時代末期，與李斯同為當時儒學大師荀卿（荀子）的門下高才生。

主「性惡」的荀子，講「禮法合一」，主張以「帝王之術」教導學生成為經國治世的人才。

根據《史記·老子韓非列傳》記載，韓非天生口吃，不善言辭，遂終日埋首苦讀，發憤著述，寫成〈孤憤〉、〈五蠹〉、〈內外儲說〉等十多萬言。

非自小即懷有大志，尤好刑名法術之學，眼見韓國日趨沒落，勢力衰微，於是多次上書韓王安，主張變法圖強。可是對天天沈迷於美色，且昏昧好逸樂的韓王而言，對韓非的建議，實在興趣缺缺。

未料韓非所著的〈悲憤〉和〈五蠹〉的作品，後來竟流傳到了秦王政的手裡，秦王看了之後，原以爲是出自古聖先賢的手筆，據說曾歎曰：「寡人得見此人，與之游，死不恨矣！」經李斯說明，方得知此乃爲韓非所作。於是急攻韓以冀求得到韓非。韓王這時只好派遣韓非出使秦國以平息戰火。韓非入秦，以「存韓攻趙之」利遊說秦王，秦王極愛其才且深深喜愛其說。李斯卻深畏韓非會取代他在秦王心中的地位，於是設計構陷，不久即遭李斯讒言所害，被毒死於獄中。

1. 韓非的寓言之學

先秦諸子向來喜歡以寓言的方式，傳達其哲學思想或政治主張，這些寓言故事雖多用以說明道理，且大都篇幅短小，卻依然具有極高度的文學技巧與文學趣味，在整個小說流變史上自有其重要地位。

《韓非子》中寓言很多，其寓言多採歷史故事或立足於現實，加上想像豐富，篇數與文字數量，可以跟《莊子》的寓言同時高居先秦寓言之冠。《韓非子．儲說》使寓言故事獨立成篇而有明確主旨，期切以寓言達其說服君主以接受法家學說爲目的。

2. 出自韓非的寓言成語

韓非善用寓言、鍼砭時政進行說理，其中以歷史傳說背景爲多，更具說服力。如「識途老馬」、「濫竽充數」、「三人成虎」、「棘刺母猴」、「鄭人買履」、「買櫝還珠」、「自相矛盾」、「郢書燕說」等，都是有名的寓言故事，且富文學氣息。

3.生平著作與思想

韓非集先秦法家思想大成，師承荀子「性惡論」，卻不認爲禮治可以教化人民，反而進一步強調法治的重要性。他集合法家思想中商鞅的重「法」，申不害的重「術」，以及愼到的重「勢」，認爲「法、術、勢」三者皆不可廢。

4.今《韓非子》一書傳本有五十五篇，多為弟子傳述而並非韓非一人所著。

5.在文學、哲學上深遠的影響：

韓非創作寓言，擅長以小故事說明大道理，主要用以表達其政治思想，大多依其法家思維加以改造民間傳說、歷史故事爲寓言，或自行從生活經驗中擷取材料，加以編寫成獨立的寓言。《韓非子》寓言中，廣泛地反映了社會現象與現世時代風貌，對政治、社會等惡質的現象予以諷刺與揭發。可謂思想深刻、說理透徹，其中以文字之精妙更饒富文學修辭之美。

法家的派別到集大成

法家開山祖師：管仲：主張富國強兵。

重勢派：愼到：主張國君須有威勢。重勢派所強調的「勢」，是指君王的權勢、統制力，以及防微杜漸、適時鞏固權力的時機，尤其著重於君王要如何保持自己的地位與權力。

重術派：申不害：主張國君須有控制臣子之術。重術派所強調的「術」，是指君王治國及駕馭臣子的手段，包括君王如何防範、識別、威嚇臣子的策略。

重法派：商鞅：主張嚴刑峻法以制民。重法派所強調的「法」，是指統治者頒布的法令。

集大成者：韓非：「法、勢、術」三者兼顧。

儒、道、法、墨四家之比較

此四大家乃中華文化哲學的主流，你不可不知。

學派	學說概要	代表人物	主要思想主張	說明
儒家	1.以仁爲中心思想。 2.以堯、舜、文、武、周公爲薪傳。 3.主張「親親而仁民，仁民而愛物」，即「愛有差等」有親疏遠近之別，不同於墨家之兼愛。	A.孔子	1.主忠恕，行仁政，孔子強調「仁」，孟子強調「義」，荀子強調「禮」。 2.正名分，講求品德，追求世界大同。 3.有教無類，因材施教。	1.出自司徒之官（掌教育）。 2.漢武帝採董仲舒之議，罷黜百家，獨尊儒術。
		B.孟子	1.主性善、倡仁義、法先王。 2.貴民輕君、尊王賤霸。 3.距（排斥）楊、墨之思維。	
		C.荀子	1.主性惡、隆禮樂。 2.強調以禮矯正天性之惡，言「勸學」。	
道家	清靜無爲、取法自然，以虛無爲本。	A.老子	1.以道爲本體，以德爲基用。 2.以「虛無」爲本的宇宙觀。 3.於政治主張清靜無爲，於人生主張以柔化剛。	1.出於史官（掌記錄典籍）。 2.主張全神養生以處亂世，到了魏晉演發爲玄學。
		B.莊子	1.治天下不主張用禮法，主張返璞歸眞。 2.主張順天達觀以養生，而且進一步求忘我，以達天人合一之境界。	

	法家	墨家
學說概要	1.管仲乃開法家之始。 2.嚴賞罰，貴法治。 3.任法刻薄，無論親疏貴賤，一斷於法。	以「兼愛」爲中心思想。
代表人物	A.商鞅（重法派） B.申不害（重術派） C.慎到（重勢派） D.韓非（集大成）	墨翟
主要思想主張	主張嚴刑峻法以制民，以富國強兵爲目標。 主張循名責實，國君治國須有操縱臣下之技巧。 主張國君須有絕對威勢，君尊臣卑。 1.主張法、術、勢三合一。 2.強調法的統一性和公平性。	1.主張「兼相愛，交相利」，反對戰爭，故主「非攻」。 2.主張以賢人來治天下，是爲「尚賢」、「尚同」。 3.其學源自儒家，卻嫌儒家之繁文縟節，故主「非樂」、「非命」、「節用」、「節葬」。 4.強調宗教制裁，故高舉「尊天」、「明鬼」。
說明	1.出於理官（掌刑法）。 2.韓非於先秦思想家中出身地位最高，卻反對貴族傳統最激烈，最強調求變。	1.出自清廟之守（掌祀典）。 2.可視爲最積極熱心的救世派之祖。 3.主張兼愛，孟子評其「無父」。 4.漢以後趨於衰敗。

文化小知

「子」的定義為何

1.古時對有爵位的人尊稱「子」，引伸爲對人的尊稱。
2.對老師也稱「子」。如老子、孔子、墨子、莊子等。
3.對於有道德有學問的人的著述，也稱子。如《老子》、《孟子》、《墨子》、《莊子》、《荀子》、《列子》等。

何謂「子學」

1.對於春秋戰國時代的著作，凡是含有專門學問或卓立思想的作品，《漢書．藝文志》都收入《諸子略》，並分爲九流十家。
2.所謂十家，即儒、道、墨、名、法、陰陽、縱橫、雜、農、小說共十家。所謂九流，即十家中去掉小說，只剩九種，故稱九流；此乃因古人以爲小說不過是道聽塗說，不足觀也，所以不入流。

十家之概述

儒道法墨四大家，前已詳述，以下則爲另外六家：

	本源	代表人物	主張說明
1.陰陽家	羲和之官	鄒衍	以「五德始終」爲主，順時敬天，敬授民時。
2.縱橫家	行人之官	蘇秦、張儀	1.以遊說諸侯，運用權術爲主。蘇秦提合縱，張儀倡連橫。 2.孟子曾痛斥張儀的主張並非大丈夫，而是妾婦之道。
3.雜家	議官	呂不韋	1.兼取儒、道、墨、法、名、兵、農各家之長，無固定宗旨。 2.漢代《淮南子》（劉安）亦屬雜家。
4.名家	禮官	惠施、公孫龍	1.辨別名實，重在正名。 2.名家與墨家之「別墨」相近。
5.農家	農稷之官	許行	1.勸民農桑，並主張君民並耕。 2.孟子曾斥許行、陳相君民並耕之說。
6.小說家	稗官	宋鈃	多道聽塗說，街談巷語。

子學流派的源流

1.《莊子．天下篇》，談述鄒魯之士，分爲六派，未定名稱。

2.《孟子．盡心篇》：「逃墨必歸於楊，逃楊必歸於儒」，已分出儒、墨兩家之名。

3.《荀子．非十二子篇》，分爲六學派，也是未定派名。

4.《韓非子．顯學篇》：「今之顯學，儒墨也。」

5.司馬談〈論六家要旨〉，分爲陰陽、儒、墨、道、德、法、名六家。

6.班固《漢書．藝文志諸子略》列出十家。另外有〈兵書略〉、〈數術略〉、〈方技略〉，其中所載，後世也都歸入子部。

7.《隋書．經籍志》將子部列爲第三，合《漢書》〈諸子略〉、〈兵書略〉、〈數術略〉、〈方技略〉，分爲十四種，全列入子部。至此，除了經部、史部、集部以外的書，全都歸子部。

四、成語典故

《韓非子》與「濫竽充數」：「濫竽充數」好摸魚

齊宣王[1]使人吹竽(ㄩˊ)[2]，必三百人。南郭處(ㄔㄨˇ)士[3]請爲王吹竽，宣王說(ㄩㄝˋ)[4]之。廩(ㄌㄧㄣˇ)食[5]以數百人。宣王死，湣(ㄇㄧㄣˇ)王[6]立，好(ㄏㄠˋ)[7]一一聽之，處士逃。

《韓非子．內儲說上》

重要注釋

1. 齊宣王：戰國時齊國國君，戰國時十分有名，門下食客皆三千人的「四大公子」之一的孟嘗君就是他的丞相。
2. 竽：音ㄩˊ，古代竹製的簧管樂器。
3. 南郭處士：南郭，複姓，其家族世祖一定原住在城外南方。處士，通常指的是有讀書、有學識，卻隱居不做官的人。
4. 說：通「悅」。音ㄩㄝˋ。
5. 廩食：由官倉供給精食。廩，音ㄌㄧㄣˇ，米倉。

◎**美言佳句不能忘**

1. 齊宣王使人吹竽，必三百人。
2. 廩食以數百人。

6. 湣王：齊宣王之子。

7. 「好」——聽之：音ㄏㄠˋ，喜歡、喜好。

白話語譯

齊宣王找人來吹竽，一定要三百人一起合奏他才聽。有一位南郭先生請求為宣王吹竽，宣王很高興。於是由官方提供糧食以吹竽的已有幾百人。宣王死後，兒子湣王即位，他喜歡一個一個獨自分別吹給他聽，南郭先生就逃走了。

義理申論

這故事是說戰國時代的齊宣王很喜歡聽人吹奏「竽」這種樂器，尤其喜歡三百人的大合奏，所以養了一大批宮廷樂師。當時有個自稱南郭隱居者的人知道了，雖然他根本就不會樂器，卻渾水摸魚的買了一支竽前往應徵，結果不但得到吹竽的工作，也深獲宣王的喜愛。於是他每天混在眾多樂師裡，張張嘴裝模作樣的吹奏，就得到優厚的待遇。結果沒想到，不久齊宣王死了，而由他的兒子湣王即位。湣王也愛聽吹「竽」，可是他卻偏好一個個單吹獨奏。這時候這位南郭先生眼見沒本事的真相要被拆穿了，只好趕忙逃走；此寓言諷刺了自欺欺人、不學無術的人，也罵了不辨真偽的君王。

重要字形辨正

濫「竽」充數的「竽」是竹製的樂器，千萬別寫成「芋」頭「芋」。

古代成語現代活用

例句列舉

1.在這凡事競爭的時代，學要有精專，才不會在未來工作上當個「濫竽充數」的人。

2.李大明畢業自麻省裡工學院，擁有電機博士學位，卻在任職的第一天，客氣的跟同事說：「不好意思，在各位前輩學長面前，我只是來『濫竽充數』的。」

成語代換

同義成語：以假充眞、渾水摸魚、魚目混珠、尸位素餐、備位充數、南郭濫竽。

反義成語：實至名歸、貨眞價實、名副其實、眞才實學、才德稱位。

◎特別說明

「濫」是不符合標準，浮濫的意思，「竽」是古代一種竹製的樂器；「濫竽充數」通常用在別人身上，指的是那些沒有眞本領，卻混在行家裡塡充名額或占據職位的人。如果用在自己身上，用來形容自己的話，則往往用來轉化爲謙稱的意思。

《韓非子》與「買櫝還珠」：棄取失當

楚人有賣其珠于鄭者，爲木蘭之柜[1]，熏[2]以桂椒，綴以珠玉，飾以玫瑰[3]，輯以羽翠[4]，鄭人買其櫝[5]而還其珠。

《韓非子・外儲說》

重要注釋

1. 柜：音ㄐㄩˇ，①樹名，常用來製桌子或箱子，②通「櫃」字。
2. 熏：音ㄒㄩㄣ，通「燻」字，也通「薰」，煙向上騰，或用火灼物謂之熏。
3. 玫瑰：花名，此爲珠玉寶石。
4. 羽「翠」：音ㄘㄨㄟˋ，青綠色。翠玉，即綠寶玉。翡（ㄈㄟˇ）翠，則是一種綠色質地堅硬的玉石。
5. 櫝：音ㄉㄨˊ，木匣子；藏東西的櫃子。

白話語譯

楚國有個從事珠寶生意的商人到鄭國去賣珠寶，用上等木蘭做成盛放珠寶的匣子，拿桂花、花椒等香料把匣子薰得很香，又用珠玉綴飾小木盒的表面。再鑲

◎美言佳句不能忘

1. 熏以桂椒，綴以珠玉，飾以玫瑰，輯以羽翠。
2. 買其櫝而還其珠。

嵌上玫瑰寶石和綠色的玉石。結果有個鄭國人買了他的木匣，卻退回他的珠寶。

義理申論

這故事是說春秋時，楚國有位經營珠寶的商人，他想把手上的珠玉拿到鄭國去賣，結果他費盡心思的想如何包裝這批珠寶才好吸引顧客呢？

於是他選用上等的木蘭樹材製作盒子，在盒子裡面還特別用桂花、花椒、檀木等香料，薰得香噴噴的，在盒子外面，還特地裝飾了一些小小的翡翠、瑪瑙。

有趣的是，裝載珠寶的美麗盒子，果然吸引了大批人潮。可是荒謬的是，有人最後買了盒子，卻把珍貴的珠寶退還商人。

這個寓言故事，主要在嘲諷捨本逐末，做事行為本末倒置的人，跟《呂氏春秋》裡「刻舟求劍」、「引嬰投江」、「循表涉灡」十分類近，與《韓非子》中鄭人買鞋子的故事相似。

重要字音辨正

櫝，音ㄉㄨˊ，千萬不可讀成ㄇㄞˋ。

古代成語現代活用

例句列舉

1. 這回在商展行銷本公司產品上，策略手法務必小心，以免造成「買櫝還珠」之憾。
2. 物理、數學要弄懂，不能只憑強記公式而不知思考應用，以致顛倒輕重而成了「買櫝還珠」的結局。

成語代換

同義成語：棄取失當、本末倒置、捨本逐末、棄貴取賤。

反義成語：先本後末。

《韓非子》與「以子之矛攻子之盾」：自相矛盾

楚人有鬻[1]楯[2]與矛者，譽[3]之曰：「吾楯之堅，物莫能陷[4]也。」又譽其矛曰：「吾矛之利，於物無不陷也。」或曰：「以子之矛陷子之楯何如？」其人弗能應[5]也。

夫不可陷之楯與無不陷之矛，不可同世而立。

《韓非子．難勢篇》

◎**美言佳句不能忘**

1. 吾楯之堅，物莫能陷也。
2. 吾矛之利，於物無不陷也。
3. 夫不可陷之楯與無不陷之矛，不可同世而立。

重要注釋

1. 鬻：音ㄩˋ，賣也。例，鬻歌爲生，即賣唱爲生的意思。
2. 楯，音ㄕㄨㄣˇ，大的盾。
3. 「譽」之：誇獎、讚美。
4. 陷：有陷入之意，此當刺穿。
5. 弗能應也：不能、無法回答。

白話語譯

楚國有個在賣盾和矛的人，稱讚自己的盾說：「我的盾最堅固，世上任何東西都無法把它刺穿。」接著又稱讚自己的矛說：「我的矛最鋒利，對於任何東西沒有不能穿透的。」就有人問道：「拿你的矛去刺你的盾會怎麼樣呢？」這個楚人便無法答出話了。

任何東西都不能刺穿的盾和沒有東西不能刺穿的矛，是不可能同時並存的。

義理申論

話說從前有一個賣兵器的楚國人，爲了招攬客人買他的東西，便很誇張的說：「我手上的這面盾，可是天下最堅硬的，任何利器都無法刺穿它。」沒多久，又拿起一支長矛說：「各位再看看這支矛，它可是再堅固的東西也難擋它一刺呀。」

未料現場有人聽了，忍不住問：「如果拿你的矛去刺你的盾，又如何？」結果賣者一下子傻了，回不出一句話。

這句成語主要在說一個人的言語或行爲，前後不一，相互牴(ㄉㄧˇ)觸，不合邏輯，無法自圓其說。

重要形音義辨正

1.「矛」是古代兵器，長柄有刃，用來刺物。音：ㄇㄠˊ。

2.茅：音ㄇㄠˊ，草名，有白茅、青茅兩種；說某人功課傑出，名列前「茅」，即是這個「茅」字。

3.「盾」也是古代的兵器，牌形，後面有柄可握，用來抵禦敵人的利刃、尖矛。

古代成語現代活用

例句列舉

1.你一下子說他爲人忠厚老實，一下子又評他狡猾奸詐，豈不「矛盾」？

2. 你先前說好討厭他，現在又覺得他好討人喜，豈不「矛盾」？

成語代換

同義成語：前後牴牾、前後牴觸、言論相悖、自相矛盾。

反義成語：前後一致、言行合一、殊途同歸、表裡如一。

《韓非子》與「守株待兔」：以逸待勞

宋[1]人有耕田者，田中有株[2]，兔走[3]觸株，折頸而死，因釋其耒（ㄌㄟˇ）[4]而守株，冀[5]復得兔。兔不可復得，而身為宋國笑。今欲以先王之政，治當世之民，皆守株之類也。

《韓非子・五蠹（ㄉㄨˋ）》

重要注釋

1. 宋：古國名，周朝分封微子的地方，約今之河南商邱縣。
2. 株：露出地面的樹根。
3. 兔「走」：奔跑。

◎美言佳句不能忘

1. 因釋其耒而守株，冀復得兔。
2. 今欲以先王之政，治當世之民，皆守株之類也。

4.釋其耒：放下耒耜。釋，放下。耒，音ㄌㄟˇ，翻土竹的農具。耜，音ㄙˋ，裝在犁上用來掘土的鐵片。

5.冀：希望；期待

白話語譯

宋國有個農夫，田裡有一棵樹根凸出地面，有隻兔子奔跑時撞到它，結果脖子折斷死了，農夫於是放下手邊農具守在樹樁旁，一心希望再得到兔子。結果兔子沒有再得到，反而被國人譏笑。如今爲政者想要以古代先王的政治制度，來治理當今的人民，都屬於「守株待兔」的同類人。

義理申論

這故事敘述宋國農夫，無意中遇見一隻奔跑中不小心撞到樹根而死的兔子，於是他因此丟下農具不耕作了。成天枯守在樹旁，等待還會不會有另一隻兔子再莫名其妙撞樹，以求「不勞而獲」。

結果是，不但希望落空了，更引來國人的訕笑。

韓非擅長以輕巧的手筆，寫精美短小的寓言故事，以闡明他的政治理念；主要用以諷刺妄想「以先王之政，治當世之民」的當政領導者，就有如「守株待兔」

的宋國農夫一般，成天守在樹旁等待兔子的到來。比喻拘泥不知變通，或想要不勞而獲，坐享其成。不過後世將「守株待兔」多用以形容靜待事機來臨，以逸待勞。

古代成語現代活用

例句列舉

1. 工作上，如果一心只想不勞而獲，「守株待兔」坐享其成的話，是難以有成功之日。
2. 聽說竊賊近日將有所行動，所以便衣刑警採「守株待兔」的方式，守候在倉庫附近。

成語代換

同義成語：守株待兔、膠柱鼓瑟、伺機而作、坐待其機。

反義成語：通權達變、隨風轉舵、見風使帆。

《韓非子》與「郢書燕說」：穿鑿附會

郢（ㄧㄥˇ）[1]人有遺（ㄨㄟˋ）[2]燕（ㄧㄢ）相國書[3]者，夜書[4]，火不明，因謂持燭者曰：「舉燭」云[5]，而過書[6]「舉燭」[7]。「舉燭」非書意也。燕相受書而說（ㄩㄝˋ）[8]之，曰：「舉燭者，尚明[9]也；尚明也者，舉賢而任之。」燕相白[10]王，王大說[11]，國以治。治則治矣，非書意也。今世學者多似此類。

《韓非子．外儲說》

◎**美言佳句不能忘**

1. 「舉燭」非書意也。
2. 舉燭者，尚明也；尚明也者，舉賢而任之。

重要注釋

1. 郢：音ㄧㄥˇ，春秋時楚國首都，約今湖北省江陵縣。
   a. 郢政：把自己作的詩文，請人指正。
   b. 郢人：比喻善於歌唱者。
2. 遺：音ㄨㄟˋ，給、送。
3. 書：書信。
4. 夜「書」：這裡當動詞，寫信、書寫。
5. 云：語尾助詞，無義。

6.過書：多寫了。
7.舉燭：把燈火弄亮些。
8.而「說」之：通「悅」。
9.尚明：崇尚光明。
10.燕相「白」王：告訴。
11.王大「說」：通「悅」，高興。

白話語譯

楚國郢都有人要寫信給燕國的丞相，當時是在夜裡寫的，燭光不夠明亮，因此對拿蠟燭的人說：「舉燭。」說話的同時，在信中多寫上「舉燭」二字。「舉燭」並不是信裡原來要說的意思。燕相收到信後，解讀爲：「舉燭，就是崇尚光明的意思；崇尚光明，就是要察舉賢才加以任用。」燕相國於是把這個意思告訴了燕王，燕王聽了非常高興，於是開始察舉賢人而任用，國家卻因此而平治。國家政治雖然是太平了，但已不是信中原來的意思，當今世上的學者多像這一類人。

義理申論

◎**特別說明**

晉國稱史書爲乘，楚國史書稱：杌。魯國曰：春秋。例：連橫著《台灣詩乘》一書，即台灣詩史也。

此寓言乃陳述楚國郢都有一個人，因筆誤多寫了兩個字，結果收到信的燕王丞相卻望文生義，誤解「舉燭」乃是要國君舉賢識明，最後還導致燕國大治的故事。

故事終結時，韓非對整件事加以評議，直言「治則治矣，非書意也」，明示「國大治」乃純屬巧合，並非眞正書信本意；繼而又言「今世學者多似此類」，將燕相國之舉與當代信而好古、喜歡穿鑿附會望文生義的學者相類比。

後人即將此成語用以比喻曲解原意、牽強附會之說。

重要字音字形辨正

郢，音：ㄧㄥˇ；不要寫成「程」，更不能讀成「ㄔㄥˊ」。

古代成語現代活用

例句列舉

1. 連橫《台灣通史．序》：古人有言：「國可滅史不可滅」，「是以『郢書燕說』，猶存其名；晉乘楚杌，語多可採。」

2. 八卦小道消息，不免多是穿鑿附會「郢書燕說」的呈現。

成語代換

同義成語：郢書燕說、穿鑿附會、牽強附會、生搬硬套。

反義成語：信而可徵、歷歷可考、歷歷有徵。

《韓非子》與三人成虎

龐恭[1]與太子質[2]於邯鄲[3]，謂魏王曰：「今一人言市有虎，王信之乎？」曰：「不信。」「二人言市有虎，王信之乎？」曰：「不信。」「三人言市有虎，王信之乎？」王曰：「寡人信之。」龐恭曰：「夫市之無虎也明矣，然而三人言而成虎。今邯鄲之去[4]魏也遠於市，議[5]臣者過於三人，願王察之。」龐恭從邯鄲反，竟不得見。

《韓非子・內儲說上》

重要注釋

1. 龐恭：人名，魏國臣子。
2. 質：音ㄓˋ，以人作抵押，而取信於對方；人質。
3. 邯鄲：戰國時代趙國的都城。

◎**美言佳句不能忘**

夫市之無虎也明矣，然而三人言而成虎。

4.今邯鄲「去」魏也：距離。

5.「議」臣者：議論、非議。

白話語譯

龐恭與太子將到趙國邯鄲城當人質，臨行前，龐恭對魏王說：「現在有一個人說市集上出現老虎，大王相信嗎？」魏王說：「不相信。」「有兩個人來說市集上有老虎，大王相信嗎？」魏王說：「不相信。」「有三個人來說市集上有老虎，大王相信嗎？」魏王說：「我相信了。」龐恭說：「市集上根本沒有老虎是很清楚的，但是有三個人來說，最後就變成了眞的有老虎。如今邯鄲距離魏國比市集還遙遠，毀謗非議我的人肯定超過三個人，希望大王一定要能夠明察。」等龐恭從邯鄲回到趙國後，竟然沒得到魏王召見。

義理申論

明明市集上沒有老虎，可是只要三個人訛傳市集上有虎，聽者就會以爲市集裡眞的有虎出現了。

比喻謠言傳播得多了，就會使人信以爲眞，也比喻八卦流言惑眾，容易讓人誤假爲眞。

市集是人車集中之地，怎麼可能有老虎出現？說市集上有老虎的人，顯然是故意造謠生事，但如果很多人說了同樣的話，就極可能讓人信以爲眞，以爲市集眞的有老虎出現。〈三人成虎〉寓言中，龐恭雖有先見之明，於事發之前，便先向魏王稟明謠言容易積非成是，勸魏王要注意「人言可畏」、眾口鑠金之可怕，然而縱使是深謀遠慮的龐恭最終還是被讒言所害，回國後竟然不被魏王召見重用。

古代成語現代活用

例句列舉

1. 從「三人成虎」的成語，可以看出流言可畏和可怕。
2. 眾口鑠金，流言之可畏，往往可以讓「三人成虎」，可以將「白布染黑」。

成語代換

同義成語：三人成虎、積非成是、眾口鑠金、眾議成林、三人市虎、無中生有。

反義成語：有憑有據、信而有徵、歷歷可考、鑿鑿有據。

《韓非子》與「老馬識途」：不迷路

管仲[1]隰（ㄒㄧˊ）朋[2]從於桓公而伐孤竹，春往冬反[3]，迷惑失道[4]。管仲曰：「老馬之智可用也。」乃放老馬而隨之，遂[5]得道。

《韓非子．說林篇》

重要注釋

1. 管仲：春秋時的名相，輔佐齊桓公成爲春秋五霸之一。
2. 隰朋：「隰」，音ㄒㄧˊ，低濕之地。
例：A.隰草：低濕地所產生的草。B.隰皋（高）：低濕的水岸，可供畜牧牛羊。C.隰朋，春秋齊桓公的重要臣子。
3. 春往冬「反」：通「返」，歸來，回去之意。
4. 失道：迷失了道路；迷路。
5. 「遂」得道：於是。

白話語譯

管仲和隰朋跟隨齊桓公前往攻打孤竹國，春天出發，冬天回來，在中途卻迷

◎美言佳句不能忘

1. 春往冬反，迷惑失道。
2. 老馬之智可用也。

失了道路。管仲說：「老馬的智慧經驗可以拿來借用。」於是讓老馬走在最前面，大家緊跟在後面，果然就找到了回去的路。

義理申論

這故事敘述西元前六六四年，春秋時，齊桓公親自率領大隊兵馬前往討伐孤竹國（在今河北省灤縣），結果中了孤竹國的詐降而致所有兵馬陷入大漠中。

偏偏這時已進入嚴冬季節，北風呼呼中，漫天沙塵，春天出征，冬日收兵返鄉的齊軍陷在大漠中，就像走進迷霧中一般，根本看不清方向，士兵們繞來繞去，始終找不到出路。

這時，隨軍出征的宰相管仲對桓公說：「咱們不妨試試老馬的智慧。」齊桓公立刻叫人牽出幾匹老馬走在隊伍前帶路，大軍緊緊跟在後頭。老馬在茫茫的沙漠中轉來轉去，竟然果真順利地找到原路，帶大家平安回到齊國。

從這個故事可得證明老馬確實有辨識原來路途的能力，因此，後人就用「老馬識途」或「識途老馬」來比喻對某件事很熟悉或經驗豐富的人。

古代成語現代活用

例句列舉

1. 小周爬遍台灣百岳多回，奇萊山對他而言可稱是「識途老馬」。

2. 這次我們要去香港三日遊，有小美這位逛街達人，「識途老馬」當導遊地陪，大可放心啦。

成語代換

同義成語：識途老馬、老馬識途、經驗豐富。

反義成語：人生地疏、迷途羔羊、問道於盲。

延伸閱讀

國學典故・人物追蹤

孤竹國的兩位賢者：伯夷與叔齊

1. 伯夷、叔齊是孤竹君的兩個兒子。孤竹國約在今河北省灤縣。孤竹國的國君死後，兩位兄弟相互讓位，結果各自私下逃離孤竹國。周武王起兵討伐商紂時，他們攔車勸阻，認爲周武王是背叛紂王，是「以暴易暴」的行爲，力勸武王不要伐紂，武王卻說這是「代天行道」。伯夷、叔齊兄弟二人於是發誓不食周的食物，隱居於首陽山上。後來周武王一統天下，二人在首陽山上採薇而食，當他們聽到周武王統一天下，他們以吃食周朝的糧食爲可恥，將自己活活餓死於首陽山（事見於《史記·伯夷列傳》）。

2. 《孟子·萬章篇》：伯夷、叔齊「聖之清者也」。孟子在萬章篇裡說他們二人「不立於惡人之朝，不與惡人言」，不與「其冠不正」的人相處，可見他們有強烈的道德潔癖，清高到了極點。

3. 《論語·公冶長篇》：子曰：「伯夷、叔齊，不念舊惡，怨是用希。」

白話語譯

孔子說：「伯夷、叔齊兩兄弟，對人從不記掛過去的仇怨，因此怨恨他們的人很少。」

義理申論

「不念舊惡」是對人不記恨、不計前嫌的胸襟氣度，可鼓勵人們勇於改過。

「不念舊惡」更是一種美好的「恕道」的工夫，伯夷、叔齊雖然清高自持，但只要人們能改過自新，他們也願意與之爲伍，如此具有容人的雅量，也就少有人會怨恨他們。

伯夷、叔齊爲人，耿介清高，甚至近乎孤僻，似乎對很多人、許多事都看不順眼，這樣的人其實應該會有很多人怨恨他們才是。但是他們在與人相處時，當別人犯錯而能夠改正，他們也就從不記掛在心。因此他們即使稟性孤高，好惡鮮明，對於世人雖少稱揚，卻也不致遭人怨恨。孔子對於伯夷、叔齊二人這種難得的修養，認爲值得世人讚美。

人文常識·稗官野史

認識管仲這個人

根據《史記·管晏列傳》記載，管仲，名夷吾，字仲，謚敬仲。潁上縣北管谷村人。春秋時齊國的名相，輔佐齊桓公，使齊國成爲春秋五霸的霸主。鮑叔牙（生卒年不詳），又稱鮑叔，春秋時齊國大夫，以知人著稱，他們二人是十分要好的朋友。

管仲與鮑叔牙

根據《史記·管晏列傳》記載，管仲少年時就與鮑叔牙交好，鮑叔非常了解他的賢能。管仲家境貧困，還常常欺負鮑叔，鮑叔卻始終善待他，不曾有怨言。後來，管仲侍奉齊國的公子糾，鮑叔牙則追隨公子糾的弟弟小白。

西元前六八六年，齊襄公逝世。當時公子糾與公子小白都流亡在國外，襄公死後，群臣決定迎接公子糾回國當國君，而公子小白也想返國就位，管仲怕小白先回國登基，就暗夜追上公子小白，且從背後射了他一箭，結果射中他的腰帶，小白本人並沒有受傷。公子小白卻假裝中箭，騙過管仲，然後與鮑叔牙快馬加鞭先回到齊國，當了國君，即齊桓公。

齊桓公即位後，立刻請來鮑叔牙，讓他做宰相。但是鮑叔牙卻向齊桓公推薦這時還關在牢中的管仲。齊桓公接受了鮑叔牙的建議，請管仲來做宰相，後來管仲在齊國執政，使齊桓公成為春秋五霸的霸主。

成語典故的延伸

管鮑之交：「管鮑之交」就是用來形容春秋時齊人管仲和鮑叔牙兩人的相知與深情，後來常比喻交情深厚的朋友。

典故背景原文

管仲曰：吾始困時，嘗與鮑叔賈[1]，分財利多自與[2]，鮑叔不以我爲貪，知我貧也。吾嘗爲[3]鮑叔謀事[4]而更窮困，鮑叔不以我爲愚，知時[5]有利不利也。吾嘗三仕三見[6]逐於君，鮑叔不以我爲不肖[7]，知我不遭時[8]也。吾嘗三戰三走[9]，鮑叔不以爲我怯，知我有老母也。公子糾[10]敗，召忽[11]死之，吾幽囚受辱，鮑叔不以我爲無恥，知我不羞小節而恥功名不顯於天下也。生我者父母，知我者鮑子也。

《史記・管晏列傳》

重要注釋

1. 賈：音ㄍㄨˇ，做生意。
2. 多自「與」：給。

◎美言佳句不能忘

1. 分財利多自與，鮑叔不以我爲貪，知我貧也。
2. 鮑叔不以我爲愚，知時有利不利也。
3. 鮑叔不以我爲不肖，知我不遭時也。
4. 吾嘗三戰三走，鮑叔不以爲我怯。
5. 知我不羞小節而恥功名不顯於天下也。

3.「爲」鮑叔謀事：音ㄨㄟˋ，替。

4.謀事：謀畫事情；這裡指策畫經營。

5.時：時運。

6.見：有被動之意。如：「慈父見背」，意思就是被慈父拋棄了，也就是父親過世。

7.不肖：沒有才能。肖：音ㄒㄧㄠˋ，骨肉相似。

8.遭時：遭遇到好時機。

9.三戰三走：三次打仗，三次逃跑。三亦可當多次數，虛數。

10.公子糾：管仲侍奉的君主。

11.召忽：與管仲一同侍奉公子糾的友人。「召」忽，音ㄕㄠˋ。

白話語譯

管仲說：「回想當初在我貧窮時，跟鮑叔一起做生意，分配紅利時，自己總是多拿，鮑叔從不以爲我貪得，因爲他知道我是貧窮的緣故。我曾經替鮑叔策畫、經營事業，反而使他更加困頓不堪，陷於窘境，鮑叔不認爲我愚笨，他知道時運有時好，有時不好。我曾經三次做官三次都被國君驅逐，鮑叔不認爲我沒有才能，他知道我只是沒遇上好時機。我曾經三次打仗三次逃跑，鮑叔不認爲我膽小，他知道我因爲家裡有老母需要供養。公子糾失敗，召忽爲他殉難，我被囚禁遭受屈辱，鮑叔不認爲我無恥，知道我不因小節而感到羞愧，卻以功名不顯揚於天下而感到恥辱。生我者父母，知我者鮑子也。」

義理申論

管仲臨終前，齊桓公問管仲，鮑叔牙可以不可以接替他的相位，管仲說不可以！管仲說，鮑叔牙善惡分明，無法包容壞的一面。如果把政權交給他，既害了你齊桓公，也可能害了他自己。飽叔牙知道這件事後，不但沒有因爲管仲不推薦自己接替相位而不滿，反而十分高興，認爲只有管仲最了解他。

司馬遷在《史記》裡批評說：鮑叔推薦了管仲以後，情願把自身置於管仲之下。他的子孫世世代代在齊國享有俸祿，得到封地的有十幾代，其中多數是著名的大夫。因此，天下知道管仲之賢的不多，而都知道鮑叔能識別人才。

古代成語現代活用

例句列舉

1. 他們兩相知相惜，情誼有如「管鮑之交」。

2.俗話說「交遊滿天下，知己無一人」，人生若能得一「管鮑之交」，是何其有幸呀。

成語代換

同義成語：管鮑之交、莫逆之交、刎頸之交、金石之交、金蘭友于、杵臼之交、羊左之交。

反義成語：點頭之交、市道之交、烏集之交、泛泛之交、勢利之交。

談到朋友，一定要知道孔子的交友之道

《論語・季氏篇》子曰：

「益者三友，損者三友：友直[1]，友諒[2]，友多聞[3]，益矣；友便(ㄆㄧㄢˊ)辟(ㄆㄧˋ)[4]，友善柔[5]，友便(ㄆㄧㄢˊ)佞(ㄋㄧㄥˋ)[6]，損矣。」

重要注釋

1. 直：正直。
2. 諒：誠信。

◎**美言佳句不能忘**

1. 友直，友諒，友多聞，益矣。
2. 友便辟，友善柔，友便佞，損矣。

3.多「聞」：見聞、見識。

4.便辟：便，音ㄆㄢˊ，習熟也。習慣於外表的威儀、擺姿態而不正直的人。

5.善柔：工於媚悅他人而少誠信。

6.便佞：佞，音ㄋㄧㄥˋ，A.「佞」，才能，自謙詞：「不佞」，即「不才」之意。B.「佞人」，指有口才卻心術不正的人。便佞指習於美好的話而未見眞實行動。

白話語譯

孔子說：「讓人受益的朋友有三種，使人受損的朋友也有三種：結交正直的朋友，結交信實的朋友，結交博學多聞的朋友，便受益了。結交善於擺威儀、作姿態，而不正直的人；結交善於用好臉色取悅討好，而缺乏誠信的人；結交善於花言巧語，而沒有眞才實學的人，便受損了。」

義理申論

孔子談到交友之道，將朋友分爲「益友」與「損友」，各有三種；意在告誡人們，應擇益友而去損友。

珠璣佳言・名人錄

1.「君子之交淡若水，小人之交甘若醴（音ㄌㄧˇ，甜酒）」。（《莊子》）

白話語譯：君子之間的交往，清淡如白水；小人之間的交往，甘膩如甜酒。

2.與邪佞人交，如雪入墨池，雖融爲水，其色愈污。〔宋許棐（棐，音ㄈㄟˇ）〕

白話語譯：跟邪惡喜好美言取悅人的人交往，有如白雪掉入黑水池，雖然融化爲水，卻是顏色愈來愈髒。

3.善人同處，則日聞嘉訓；惡人從遊，則日生邪情。（南朝宋范曄）

白話語譯：跟美善德行的人相處，日日都可以聽到至理名言；跟邪惡的人相交往，則日久不免邪念滋生。

4.世間最美好的東西，莫過於擁有幾個頭腦和心地都很正直的朋友。（愛因斯坦）

朋友之誼・小測試：

1.□□之交：朋友的交情，比黃金還堅，蘭花還美。

2.□□之交：年齡一老一少而結為好朋友。

3.□□之交：不因貧富地位而結交為好友。

4.□□之交：青梅竹馬童年時就已友好的知己。

5.□□之交：把朋友當作買賣生意一樣來交往。

答案：

1.金蘭 2.忘年 3.布衣 4.竹馬 5.市道

割席絕交：因人生價值觀不同而翻臉絕交的朋友。

解釋

切割開蓆子而各自分別座位，表示從此斷絕朋友交情；凡是朋友之間意氣不投，志趣不合，彼此斷絕來往，都可以用它來形容。

語源出處

《世說新語．德行篇》：「**管寧華歆**（ㄏㄨㄚˊ ㄒㄧㄣ）**嘗同席讀書，有乘軒冕過門者。寧讀如故，歆廢書出看。寧割席分坐，曰：『子非吾友也！』**」

白話語譯

「管寧、華歆……兩人曾同席讀書，有一天，有高官顯貴乘車從門前經過，管寧照舊在讀書，華歆卻趕忙放下書本出門去觀看。管寧就離席和他分開坐，

◎**美言佳句不能忘**

嘗同席讀書，有乘軒冕過門者。寧讀如故，歆廢書出看。

說：『你不是我的朋友啊。』」

義理申論

「割」，是用刀切開的意思。「席」，用草莖織成供坐臥的席子，也可以寫作「蓆」。「蓆」，原意爲廣多草也。

華歆、管寧是東漢末年兩位名士，他們二人原本交情很好，且一起到京城遊學讀書。不過兩人的個性和生活態度卻完全不同，管寧性情比較淡泊，華歆卻對做官很感興趣。

有一回，管寧和華歆同坐在一張席子上讀書。突然門外一陣吵鬧，原來是有大官坐轎子經過，後面跟著一群隨從，聲勢十分浩大。

華歆立刻放下手中書本，急急跑到門口看熱鬧，直到隊伍走遠了，才回到席子上。

當他正想跟管寧描述那大官有多威風時，管寧卻拿出一把刀子，把他跟華歆合坐的那張席子割了開，說：「咱們志不同不相爲謀，你不再是我的朋友！」

這段故事出自《世說新語．德行篇》，後人便由這裡引伸出「割席絕交」的成語，用以表示朋友因意氣不投、人生價值觀不同而斷絕交往。

五、《韓非子》佳文特選

韓非的文章以說理論辯著稱，筆鋒犀利、氣勢逼人；語意活潑、人物鮮明；同時條理分明、結構謹嚴，可謂字字句句，直入人心。

他又擅長以比喻、排比等手法來修飾文辭，用故事來當說理的背景，使文章更顯得生動精彩，其寓言故事，大都篇幅短小，卻造語精粹十分有趣，對後世文學影響尤爲深遠。

三隻蝨子爭一隻豬

三蝨相與頌[1]，一蝨過之，曰：「頌者奚說[2]？」

二蝨曰：「爭肥饒之地。」

一蝨曰：「若亦不患臘[3]之至而茅之燥耳，若又奚患？」

於是乃相與聚嘬[4]其母而食之。

彘臞[5]，人乃弗殺。

《韓非子．說林下》

◎**美言佳句不能忘**

1. 若亦不患臘之至而茅之燥耳，若又奚患？
2. 彘臞，人乃弗殺。

重要注釋

1.頌：音ㄙㄨㄥˋ，這裡當爭吵。
2.奚說：爲何吵？
3.患「臘」：臘，音ㄌㄚˋ，十二臘月。
4.嘬：音ㄔㄨㄞˋ，吸、咬也。
5.臞，音ㄑㄩˊ，通「癯」，瘦弱。

白話語譯

三隻蝨子正在互相爭吵，一隻蝨子經過，說：「你們在爭吵什麼？」三隻蝨子說：「爭相吸食肥美的地方。」

那隻蝨子說：「你們難道不擔心臘月到了的時候，茅草燒起來燙到自己嗎？你們還有比豬肥了而要被殺更值得擔心的嗎？」於是三隻蝨子趕忙一起聚在肥美的地方吸食豬血。豬瘦了，人們便不宰殺它。

義理申論

韓非子以三隻蝨子爲搶食豬血而吵鬧不停爲開首，敘述三隻蝨子終於明白同心協力，一起努力合作才能存活的道理。

教女兒嫁人多存私房錢

衛人嫁其子而教之曰：「必私積聚。爲人婦而出[1]，常也；其成居[2]，幸也。」其子因私積聚，其姑[3]以爲多私而出之。其子[4]所以反者，倍其所以嫁。其父不自罪於教子非也，而自知其益富。今人臣之處官者，皆是。

《韓非子．說林上》

重要注釋

1. 爲人婦而「出」：即「休」也；也就是被休棄的意思。
2. 成居：成家居室的意思，也就是一起生活到老。
3. 姑：婆婆；夫家的母親。「翁」，則爲夫家的父親。
4. 其「子」：這裡指的是這個女子。

白話語譯

有個衛國人嫁女兒，私下教導女兒說：「嫁出去後，一定要存私房錢。做人家的媳婦如果被休棄是常有的事；能夠共同生活到老，那是運氣好。」他的女兒

◎美言佳句不能忘

1. 爲人婦而出，常也；其成居，幸也。
2. 其父不自罪於教子非也，而自知其益富。

於是一嫁到夫家，就認眞存私房錢，婆婆認爲她太自私而將她休棄。結果這個女子帶回來的錢財，比當初的嫁妝多一倍。做父親的不但不責備自己教導的錯誤，反而自以爲是靠聰明而擁有更多的財富。現在一般官吏做事，都像是這一類的人。

義理申論

韓非子藉父親教即將出嫁的女兒，說到了夫家要多存些私房錢，等女兒被「休妻」回來，父親卻又只爲了女兒帶回來的財物而喜悅。諷刺當今爲官者，大多只爲自己私利而做事，且毫無羞恥感。

兩頭蛇自相殘殺

蟲有虺[1]者，一身兩口，爭食相齕[2]也。遂相殺，因自殺。

《韓非子・說林下》

◎**美言佳句不能忘**
1. 爭食相齕也。
2. 遂相殺，因自殺。

重要注釋

1. 虺：虺，音ㄏㄨㄟˇ，毒蛇名，身長約二尺，土色。

2. 齕：音ㄏㄜˊ，咬也。

白話語譯

有一種叫虺的蛇，一個身子卻兩個頭，爭食物而兩個頭互相撕咬。於是在互相殘殺下，自己殺死了自己。

義理申論

藉兩頭蛇爲爭食而自相殘殺，終至於死亡的故事，來說明唯有互助共取利益才是眞實雙贏的生存之道。

追求長生不老術

客有教燕王爲不死之道者[1]，王使（ㄕˋ）人學之[2]，所使學者[3]未及學[4]，而客死。王大怒，誅（ㄓㄨ）之[5]。王不知客之欺己[6]，而[7]誅學者之晚[8]也。夫（ㄈㄨˊ）[9]信不然之物[10]而誅無罪之臣，不察之患[11]也。且人所急，無如其身[12]，不能自使其身[13]無死[14]，安[15]能使王長生哉！

《韓非子．外儲說》

◎美言佳句不能忘

1. 王不知客之欺己，而誅學者之晚也。
2. 夫信不然之物而誅無罪之臣，不察之患也。

重要注釋

1. 客有教燕王爲不死之道者：說客以長生不死之道教燕王。客，指「說客」。爲，以。不死之道，長生不死的方法。
2. 使人學之：派遣人去學長生不死的方法。使，音ㄕˋ，派遣。之，指示代詞，指「不死之道」。
3. 所使學者：被派遣去學的人。所，助動詞，被也。使，派遣。者，的人。
4. 未及學：還來不及學。
5. 誅之：把派去的人殺掉。誅，音ㄓㄨ，殺。之，人稱代詞，指被派去學不死之道的人。
6. 客「之」欺己：語中助詞，無意義。
7. 而：卻。
8. 晚：遲也，指太晚去學習。
9. 夫：音ㄈㄨˊ，發語詞，句首助詞，無意義。
10. 不然之物：指不眞實的事物。然，是、對。
11. 不察之患：不仔細考察的過錯。患，指缺失、過錯。

12. 且人所急無如其身：況且人最重視的事莫過於自己的生命。急，本爲迫切之意，這裡當重視言。身，指生命。

13. 自「使」其身：讓、致使。

14. 無死：不死。

15. 「安」能使王長生哉：怎麼能夠使燕王長生呢？安，怎麼；如何。

白話語譯

有一個說客要以長生不死的方法教燕王，燕王於是派人去跟他學，派去的人還來不及去學，說客就死了。燕王非常生氣，就把派去的人殺掉。燕王不知道說客欺騙自己，卻責罰派去的人太慢去學習。相信不眞實的事物，而殺害無罪的臣子，這是不仔細考察的過錯。況且人最重視的，莫過於自己的生命，這位說客尙且無法使自己不死，又如何能夠使燕王長生呢？

義理申論

以燕王誤信世間眞有長生不死之道，而殺害無辜臣子，爲敘述主體，主要諷喻爲君者不能明辨是非所導致的過錯。

剪破新褲成舊樣

鄭縣人卜子[1]使其妻爲褲，其妻問曰：「今褲何如？」夫曰：「象[2]吾故褲。」妻因毀新令如故褲。

《韓非子・外儲說左上》

重要注釋

1. 卜「子」：古時男子的美稱。
2. 「象」：通「像」；相似。

白話語譯

鄭縣有個姓卜的人，要他的妻子爲他裁製一件褲子。他的妻子問：「褲子要什麼樣子？」丈夫說：「就像我這條舊褲子模樣。」結果他的妻子把做好的新褲子剪破，讓它跟舊的褲子一般。

義理申論

這個故事說明，人不可拘泥於言語的表面涵義而不知變通。像這位卜先生的太太，把好好一條新褲子拿來剪破，也就是拘泥不知變通。

◎美言佳句不能忘

「象吾故褲。」妻因毀新令如故褲。

輯

2

第一篇

柳宗元的三戒、寓言故事與山水遊記

一、從麋鹿、驢子和老鼠的遭遇說起

吾恆惡（ㄨˋ）世之人不知推己之本[1]，而乘物以逞（ㄔㄥˇ）[2]，或依勢以干非其類[3]，出技以怒強，竊時以肆（ㄙˋ）暴[4]，然卒迨（ㄉㄞˋ）于禍[5]。有客談麋（ㄇㄧˊ）、驢、鼠三物，似其事，作三戒。

《柳河東集‧三戒并序》

◎**美言佳句不能忘**

1. 吾恆惡世之人不知推己之本，而乘物以逞
2. 或依勢以干非其類
3. 出技以怒強，竊時以肆暴，然卒迨于禍。

重要注釋

1. 推己之本：推究自身的本分或能力。
2. 乘物以逞：憑藉外物而肆意逞強。乘，憑藉；依賴。
3. 干非其類：冒犯不是自己的同類。干，當動詞有冒犯、衝撞之意。
4. 竊時以肆暴：利用時機任意橫行。肆，放肆、任意。
5. 卒迨于禍：終於遭遇到災禍。卒，終於。迨，音ㄉㄞˋ，及、至。

白話語譯

我常厭惡世上一些人，不推究、弄不清楚自身的本分或能力，卻憑藉外物而

任意逞強，他們有的依靠外來勢力觸犯了和自己不同類的人，有的使出伎倆激怒強大的對手，有的利用機會任意橫行，然而到最後都遭遇到災禍。有位客人跟我談到麋鹿、驢子、老鼠三種動物的故事，就有些像前面所提到的事，於是我寫了《三戒》。

義理申論

柳宗元藉麋鹿、驢子和老鼠的遭遇，引以爲三種人生警戒；表面文字十分活潑清淺，內容蘊育的卻是極爲深刻的人生哲理。

二、臨江之麋

臨江之人，畋得麋麑[1]，畜[2]之。入門，群犬垂涎[3]，揚尾皆來。其人怒，怛[4]之。自是日抱就[5]犬，習示之[6]，使勿動，稍使與之戲。積久，犬皆如[7]人意。麋稍大，忘己之麋也，以爲犬良[8]我友，抵觸偃仆[9]，益狎[10]。犬畏主人，與之俯仰[11]甚善，然時啖其舌[12]。三年，麋出門外，見外犬在道甚眾，

◎美言佳句不能忘

1. 畋得麋麑，畜之。
2. 麋稍大，忘己之麋也，以爲犬良我友，抵觸偃仆，益狎。
3. 犬畏主人，與之俯仰甚善，然時啖其舌。

走[13]欲與爲戲，外犬見而喜且怒，共殺食之，狼藉（ㄐㄧˊ）[14]道上，麋至死不悟。

《柳河東集．三戒并序》

重要注釋

1. 畋得麋麑：打獵捕獲幼麋。畋，音ㄊㄧㄢˊ，打獵。麑，音ㄋㄧˊ，幼麋。
2. 畜：通「蓄」，飼養。
3. 垂涎：流下口水，比喻極想得到。涎，音ㄒㄧㄢˊ，口水。
4. 怛：音ㄉㄚˊ，本義爲「悲傷」，這裡則當「擔心」、憂慮解釋。
5. 自是日抱「就」犬：親近。
6. 習示之：使群犬習慣並且看到主人愛護幼麋的情形。
7. 「如」人意：順從。
8. 「良」我友：信、眞。
9. 抵觸偃仆：偃，音ㄧㄢˇ，仰面倒下。如「偃臥」。仆，音ㄆㄨ，跌倒伏地。
指幼麋與群犬嬉戲親密的狀態；上下翻滾，用頭抵觸，相互頂撞。
10. 益狎：更加親暱隨便。狎，音，ㄒㄧㄚˊ，親近而不莊重。

◎重要字形辨正：
扑，音ㄆㄨ，通「撲」，打也。

11. 俯仰：低頭抬頭，引伸為依順的樣子；也可以當「日常生活」解釋。

12. 時啖其舌：時常伸出舌頭，一臉想舔食的樣子。啖，音ㄉㄢˋ，吃、舔。

13. 走：急行。

14. 狼藉：縱橫散亂的樣子。

白話語譯

臨江縣有個人，打獵時捉到了一隻小鹿，就把牠飼養起來。他剛進門，一群狗就流著口水，搖著尾巴跑過來，獵人很生氣，為小鹿擔心。從此獵人每天抱著小鹿讓牠接近狗，也讓狗習慣小鹿，且不准狗動牠，隔了不久，還讓狗和小鹿一起玩。時間久了，狗都能按照主人的意思行事。小鹿逐漸長大，竟忘了自己是一隻鹿，認為狗真的是自己的朋友，便和牠們以頭角相互碰撞，在地上打滾，愈來愈親近。狗畏怕主人，便順從小鹿的意思應付牠，顯出很友好的樣子，可是卻時常忍不住舔著舌頭。過了三年，有一天，鹿出門到了外邊，見到路上有許多狗，便跑過去想和牠們一起玩。那些外面的狗見到後，既是高興又是生氣，便一起過去把牠咬死，屍骨散亂在路上。小鹿到死還不明白這是怎麼回事。

義理申論

柳宗元藉「臨江之麋」以麋麑不自量力，看不清自己本質，狐假虎威，仗恃主人的權勢，誤以爲狗與牠同類，最終冒犯不是自己的同類，而屍骨橫散於街。

這則寓言主要諷刺那些平日恃寵而驕，甚至「忘了自己」的人物，最後不免禍害及身；這也是柳宗元「藉物諷人」，譏刺世上攀炎附勢、依靠權貴而自以爲得意的小人。俗話說：「靠山，山會倒；靠人，人會老；唯有靠自己最好。」我想，其意正是如此。

三、黔之驢

黔[1]無驢，有好事者，船載以入，至則無可用，放之山下。虎見之，尨(ㄆㄤˊ)然[2]大物也，以爲神，蔽林間窺之，稍出近之，慭慭(ㄧㄣˋ ㄧㄣˋ)然[3]莫相知[4]。他日，驢一鳴，虎大駭(ㄏㄞˋ)[5]，遠遁，以爲且噬(ㄕˋ)己[6]也，甚恐。然往來視之，覺無異能[7]者，益習其聲；又近，出前後，終不敢搏；稍近，益狎，盪倚衝冒[8]，驢不勝(ㄕㄥ)怒[9]，蹄[10]之。虎因喜，計[11]之曰：「技止[12]此耳！」因跳踉(ㄌㄧㄤˊ)大㘎(ㄏㄢˇ)[13]，斷其

◎美言佳句不能忘

1. 虎見之，尨然大物也，以爲神
2. 慭慭然莫相知。
3. 驢一鳴，虎大駭，遠遁，以爲且噬己
4. 稍近，益狎，盪倚衝冒，驢不勝怒，蹄之。
5. 技止此耳！

喉，盡其肉，乃去。

噫！形之尨也，類[14]有德；聲之宏也，類有能。向[15]不出其技，虎雖猛，疑畏，卒不敢取；今若是[16]焉，悲夫！

《柳河東集．三戒并序》

重要注釋

1.黔：地名，今貴州省。
2.尨然：體形高大的樣子。尨，音ㄆㄤˊ，通「龐」。
3.憖憖然：謹慎小心的樣子。憖，音ㄧㄣˋ。
4.莫相知：不知爲何物。莫相知，即「莫知之」，相，無義助詞，在此具有指示兼稱代的作用。
5.大「駭」：駭，音ㄏㄞˋ，驚恐貌。
6.且噬己：將吃掉自己。且，將。噬，音ㄕˋ，吃、咬。
7.異能：特殊技能。
8.盪倚衝冒：指老虎故意作狀戲弄、衝撞驢子。
9.不「勝」怒：音ㄕㄥ，承擔。

10.「蹄」之：此處名詞轉爲動詞，就是用腳蹄來踢牠。

11. 計：心中盤算；計量。

12. 止：僅、只。

13. 跳踉大㘎：騰躍跳動而且大聲吼叫。踉，音ㄌㄧㄤˊ，跳躍。㘎，音ㄏㄢˇ，老虎吼叫聲。

14. 類：似、好像。

15. 向：假使；如果。

16. 若是：如此這般，指驢被殺的結局。

白話語譯

黔（貴州）地沒有驢子，有個多事的人用船載了一頭驢子來到黔。運到黔地後，發現驢子沒有什麼用處，就把牠放養到山下。老虎看見了這龐然大物，以爲是什麼神怪，便躲到樹林間偷偷觀察牠，再慢慢地走出來靠近牠，小心謹愼，不知道牠到底是什麼怪物。

有一天，驢子叫了一聲，老虎嚇了一大跳，逃得遠遠的，以爲驢子要吃掉自己，非常害怕。然而老虎來回觀察驢子後，發現牠似乎沒有特殊的本領，逐漸聽慣了牠的叫聲，便更靠近牠，在牠前後走動，始終不敢攻擊牠。接著，老虎又慢慢地靠近驢子，進一步戲弄牠，用碰觸、頂撞，對驢子衝撞冒犯起來，驢子不禁發怒，便用蹄子去踢老虎。老虎因此竊喜，心想：「牠的本領不過如此罷了！」於是老虎便跳躍起來，大吼一聲，咬斷驢子的脖子，吃光牠的肉才離開。

唉！驢子的形體龐大外表看來好像很有德行，叫聲宏亮類似很有才能。假使不使出牠的本領，老虎雖然凶猛，仍心中遲疑畏懼，始終不敢攻擊牠。如今竟是落得這般下場，眞是可悲啊！

義理申論

柳宗元以來到貴州的驢子，光有龐大身軀卻沒有眞本事，卻只會「鳴」和「蹄」；既是外強中乾，偏偏又沈不住氣的在老虎面前暴露了自己拙劣的技能，以致最後弄得被老虎活活吞噬的結局。

柳子厚創造了貴州的這一隻驢子，主要在訓誡世人一定要有眞材實學才能立足於世，更對官場上既無才又無德無能的貪官污吏，提出強烈警告，予以無情的鞭笞。

延伸閱讀

跟驢有關的動物：

驢，音ㄌㄩˊ，耳朵尖長，體形比馬稍小，可以用來騎坐、載貨。

1. 騾：音ㄌㄨㄛˊ，驢和馬交配而生的；形容一個人個性脾氣很拗、執著，不容易接受別人的看法，稱之：「騾子脾氣」。
2. 馬：①姓。②一種善於行走、奔馳，可供拉車、載重、作戰，讓人騎的走獸。

「馬」字，知多少

1. 馬力：
   a. Horse power，物理學上計算功率的單位，英制以一秒鐘能將一磅重的東西，舉高到五百五十英尺，稱爲一馬力；法制則是在一秒內把一公斤的重物，提高至七十五公尺爲一馬力。
   b. 「路遙知馬力」的馬力，則是指馬的能力而言。

2. 馬甲：

a. 古代戰馬所披的盔甲。

b. 背心。現代時髦流行的一款緊身女性胸罩亦稱「馬甲」。

3. 馬達：Motor，電力發動機。近人則將心臟視爲人體的馬達。

4. 馬腳：比喻破綻。如：「露出馬腳」。

5. 馬後砲：事情發生後再做批評或放話。例：你這個人事前不說明，卻最愛事後再放「馬後砲」。

6. 馬首是瞻：原本指戰陣上的進退動作。語出《左傳》襄公十四年：「唯余馬首是瞻」，今借代爲服從聽命某人的指揮。

7. 馬齒：馬的牙齒，指從馬的牙齒長短可以看出馬的年紀。「馬齒徒長」，即謙虛自己的年齡歲數。

8. 馬其頓：Macedonia，古代的王國，在今希臘北部，西元前四百年左右，國王亞歷山大曾征服波斯，領土橫跨歐、亞、非三洲。

9. 馬馬虎虎：比喻做事隨便、不切實。

10. 馬革裹屍：拿馬皮來包屍體，比喻作戰陣亡。

11. 馬拉松競走：Marathon race，又稱馬拉松賽跑，是一種長距離的賽跑，比的主要是耐力和體力。西元前四九〇年，波斯入侵雅典而駐軍於馬拉松。雅典大將米勒特把波斯大軍打敗，軍士斐迪譬跑了二十六英里到雅典報捷，傳達了勝利的消息也力竭而死。自一八九六年的「奧林匹克運動會」，將馬拉松列入比賽項目。

12. 馬塞曲：Chant de Marseillaise，法國大革命時，隊伍從馬賽向巴黎出發時所唱的進行曲，詞曲十分激昂，現已成爲法國的國歌。

13. 馬前失蹄：比喻因不小心而失敗在成功將臨的前一刻。

認識「馬」字成語

盲人瞎馬：比喻未經思考、沒有計畫的胡亂行動，十分危險。

語源出處

桓南郡與殷荊州作危語，有一參軍在坐云：「盲人騎瞎馬，夜半臨深池。」

《世説新語・排調篇》

白話語譯

東晉桓玄，有一天和顧愷之、殷仲堪閒談。有人提議每個人說一件最危險的事。結果在座有一位參軍說：「盲人騎瞎馬，三更半夜來到深潭旁。」

同義成語

奔馬朽索：用破朽的繩子來駕駛狂奔的馬車。

魚游沸鼎：把魚兒放在煮沸的鍋裡游。

燕巢飛幕：燕子築巢在帳幕（按：帳幕隨時會拆，所以十分危險）。

反義成語

如臨深淵、如履薄冰、戰戰兢兢。

龍馬精神：原本指年紀雖大，而精神卻如龍馬般的充滿活力，今則取「意氣昂揚」之意，已與年紀無關。

語源出處

李郢〈上裴晉公〉詩：「四朝憂國鬢如絲，龍馬精神海鶴姿。」

白話語譯

歷經四位君王，爲朝國事憂煩到兩鬢已斑白，卻依舊如龍馬一般的精神矍

◎**特別說明**

「龍馬」原本指的是日行千里的駿馬，後人卻已將它拆爲飛龍、駿馬來解釋。

鑠。

同義成語：龍騰馬躍、精神昂揚、顧盼神飛。

反義成語：積弱不振、萎靡成性。

風馬牛不相：

「風」，牝牡雌雄發情交配。指馬和牛二者根本異類，不會發情相誘；後人則用以形容二者彼此毫不相干。

語源出處

《左傳》僖公四年：「君處北海，寡人處南海，唯是風馬牛不相及也。」

白話語譯

「你（齊桓公）居處北海，我（楚成王）住在南海，即使是像發情的牛或馬，也不會彼此相互引誘呀。」意思是說，你我相距一南一北，互不相干，根本影響不了對方。

同義成語：風馬不接、牛馬其風、風吹耳朵。

反義成語：休戚相關、密不可分。

◎**特別說明**

僖公四年，齊桓公想攻打楚成王，而楚成王說了這段話。

四、永某氏之鼠

永[1]有某氏[2]者，畏日[3]，拘忌異甚。以爲己生歲直子[4]，鼠，子神也，因愛鼠，不畜[5]貓犬，禁僮勿擊鼠。倉廩庖廚[6]，悉以恣[7]鼠不問。由是鼠相告，皆來某氏，飽食而無禍。某氏室無完器，椸無完衣[8]，飲食大率鼠之餘[9]也。晝累累[10]與人兼行[11]，夜則竊齧鬥暴[12]，其聲萬狀，不可以寢，終不厭。數歲，某徙居[13]他州。後人來居，鼠爲態如故。其人曰：「是陰類惡物也[14]，盜暴尤甚，且何以至是乎哉！」假[15]五六貓，闔[16]門，撤瓦，灌穴，購[17]僮羅捕之。殺鼠如丘，棄之隱處[18]，臭數月乃已。

嗚呼！彼以其飽食無禍爲可恆也哉！

《柳河東集‧三戒并序》

◎美言佳句不能忘

1. 倉廩庖廚，悉以恣鼠不問。
2. 某氏室無完器，椸無完衣，飲食大率鼠之餘也。
3. 晝累累與人兼行。
4. 夜則竊齧鬥暴，其聲萬狀，不可以寢。
5. 彼以其飽食無禍爲可恆也哉！

重要注釋

1. 永：永州，今湖南零陵縣。
2. 某：指不確定的、不明指的人。
3. 畏日：害怕觸犯凶日；日，指日子的吉凶禁忌。

4.直子：遇到鼠年。直，同「值」，遇到。子，子年，農曆的鼠年；生年正好遇上子年。

5.不「畜」貓犬：通「蓄」；飼養。

6.倉廩庖廚：收藏穀物的地方和廚房。廩，音ㄌㄧㄣˇ，米倉。按：古代國家四大倉庫，即「倉廩府庫」，府藏布帛，庫貯兵器，食廩，則存五穀糧食。

7.恣：音ㄗˋ，放任；放縱。

8.室無完器：家中沒有完好的器物。椸無完衣：衣架上沒有完好的衣物。椸，音ㄧˊ，衣架。

9.飲食大率鼠之餘：所吃的食物大都是老鼠吃剩的。大率，大抵、大多。

10.累累：連貫成串，即成群結隊。

11.兼行：併排而行。兼，並。

12.竊齧鬥暴：偷咬東西，凶狠爭鬥。齧，音ㄋㄧㄝˋ，咬。

13.徙居：徙，音ㄒㄧˇ，遷移搬家。

14.陰類惡物：生活在陰暗之處的有害動物。

15.假：借。

16. 闔：音ㄏㄜˊ，通「合」字。
17. 購：雇用。
18. 隱處：指偏僻的地方。

白話語譯

永州有個人，害怕觸犯凶日，對時辰凶日的禁忌十分嚴重。他認為自己出生在子年，老鼠是子年的生肖神，因而喜愛老鼠，從來家中不養貓狗，也禁止僕人打老鼠。糧倉和廚房，全放任老鼠來糟蹋從不過問。因此老鼠們奔相走告，都來到他家，吃得飽飽的又沒有災禍。結果這個人家裡沒有一件完好的器具，衣架上沒有一件完整的衣服，所有吃喝飲食大都是老鼠吃剩的。白天老鼠常成群結隊與人並行，晚上就偷咬東西鬥毆打架，發出各種聲音，吵得人不能入睡，可是這個人始終不覺厭惡。

幾年後，這個人搬家遠赴他鄉。後來有人搬來居住，老鼠活動仍像從前一樣。新主人便說：「老鼠是活動在暗處的壞動物，偷吃打鬥特別厲害，怎麼會猖獗到這種地步啊！」便借來五、六隻貓，關上大門，揭開屋瓦，用水灌注鼠洞，雇請僮僕到處圍捕老鼠，捕殺的鼠屍堆得像座小山丘，把牠們丟到隱僻的地方，臭味幾個月後才消散。

唉！那些老鼠還以爲吃得飽又沒有災難的日子是可以長久的啊！

義理申論

柳宗元敘述永州某人因迷信與忌諱，而讓老鼠肆無忌憚的吃喝玩樂兼打鬥，且白天成群結隊與人並行而一點兒也不怕人，晚上則咬東西、啃衣服，四處搞破壞。甚至到處奔相走告，呼朋引伴齊聚某人的居所，以爲此生永保「飽食而無禍」。

沒料到有一天，原來的主人遷居搬往他鄉，結果來了新主人，新主人發現老鼠如此囂張，決心展開滅鼠大行動。從借貓雇人、關門撤瓦灌水的一連串動作，可以看出新主人徹底滅鼠的決心。將屋瓦撤去，把水灌入鼠洞；眼看屋子也已大傷，將來一定需要花大筆金錢和心力才能將其復原，然而新主人卻不計後果的做，顯見主人對當時屋中老鼠暴虐橫行的行徑，根本無法容忍；最後作者簡單地以「殺鼠如丘」的「丘」字，凸顯老鼠數量之多，並於文末點出老鼠「飽食終日」、玩嬉打鬥的歡樂皆是假象。

藉此諷刺那些受人庇護，依賴高官強權而任意胡作非爲的人，對他們表達深刻的痛惡之情。

五、你不可不認識的大師——柳宗元

北宋全才大詩人蘇東坡就曾因爲讀了柳宗元的《三戒》，而說：「讀柳子厚〈三戒〉而愛之」；此「愛」字，裝滿了濃濃的敬意與歡欣。

在文學史上，柳宗元以「寓言」及「遊記」二類作品最爲人所樂道。

柳宗元，字子厚，河東解縣（今山西永濟）人，世稱柳河東。生於唐代宗大曆八年（七七三），卒於憲宗元和十四年（八一九），年四十七（按：「宗元」之意，乃「法天」，因此他取字「子厚」以呼應「天高地厚」的意思）。

德宗貞元九年（七九三），年二十一歲中進士，二十六歲考取博學宏辭科。不久任職爲祕書省校書郎，負責掌管國家經籍圖書，同年娶禮部郎中楊憑之女。楊氏十三歲就與柳宗元訂婚，過門後十分賢慧而孝順。據說楊氏一向有腳疾不良於行。過門不滿三年，雖曾懷孕，但由於身體健康欠佳，兒子生下不到一天就死了。後來爲了就醫方便，楊氏返回娘家養病，沒想到病情卻轉而急速加重而過世，得年僅二十三。由於楊、柳兩家是世交，又結爲姻親，加上宗元與楊氏伉儷情深，宗元一生即未再續弦。

貞元二十一年，順宗即位，王叔文當權，進行政治改革，提拔宗元爲禮部員外郎。永貞元年（八〇五），憲宗即位，王被罷黜，宗元三十三歲貶永州（湖南零陵縣）司馬。流寓永州十年，元和十年，終於被調回京師，卻旋即外出爲柳州（今廣西柳州）刺史，故又稱柳柳州。卒於任內。

韓愈評他爲文：「雄深雅健」，風格：「沈鬱凝斂，冷峻峭拔」。

唐代韓柳並稱，如果說韓愈散文如波濤滾滾的大河，偏向壯闊之美；柳文就如淒清悠深的曲澗流水，具幽靜之美。人說：「韓詩如有韻之文，柳文如無韻之詩。」正點出柳宗元散文雋永深情。

柳宗元因參與永貞改革而被廢棄不用，後半生流離顛沛於南方蠻荒之地，命運極爲坎坷，但也因此在縱情山水、關心民生苦疾之餘，專力爲文，其古文與韓愈齊名，世稱「韓柳」，並爲唐宋古文八大家之一。

柳宗元不只散文寫得好，又擅長山水遊記，以凝鍊的語言、冷靜的描寫，寄託不得志的心境；尤其特別的是，寫了不少短小卻富警策的寓言故事。

宗元卒後，友人劉禹錫爲其編集遺稿，成《柳河東集》傳世。

稗官野史．小典藏

1. 為朋友，情願委屈自己：

流落永州十年，柳宗元三十三歲於元和十年奉調回京，但不久又有人在憲宗面前毀謗，柳宗元於是被貶到更鄙遠的柳州（今廣西省柳州市），任柳州刺史。柳州和永州本來相差無幾，但由原來司馬官位升爲刺史，總算是他的大幸。可是他的好友劉禹錫，卻被貶到比柳州更遠的播州（今貴州省遵義縣）。因劉上有老母，柳宗元於是自請跟劉對調，後劉禹錫因得到朝廷憐憫，改貶到連州（今四川省筠連縣），柳宗元這才到柳州赴任。韓愈後來在〈柳子厚墓誌銘〉中稱讚他「士窮乃見節義」，不惜自己受苦、情願爲朋友犧牲的胸襟，令人尊敬。

2. 勤政愛民，教化百姓：

柳州當時尚屬未開發狀態，比起永州來，更爲荒僻，當地居民的常識亦大都尚未開化。柳宗元於是教民耕種、織布、建屋，同時解除奴婢政策，興文教事業，破除迷信，盡力地改善當地人民的生活，政績卓著。治理柳州四年後，柳宗元卻積勞成疾感染霍亂又患毒瘡，四十七歲病逝柳州。

3. **柳宗元、劉禹錫二人之間生死患難之交，除「以柳易播」的事蹟外，柳宗元曾作七言絕句〈重別夢得〉：**

二十年來萬事同，今朝歧路忽西東，
皇恩若許歸田去，晚歲當為鄰舍翁。

亦可看出兩人友情深厚。

多姿多采．創作豐盛——文學上的成就

柳宗元現存文章共四百多篇，詩一百四十多首。主張「文者以明道」，為文下筆重視社會教化功能，創作態度嚴謹，文學成就卓越。

1. **柳宗元為唐宋古文八大家之一**，**與韓愈同為中唐古文運動的領導人物，並稱「韓柳」**。柳宗元同時也是韓愈古文運動有力的支持者和宣傳者。柳宗元本好佛，論述為文仍不離四書，而其思想範圍卻較韓愈廣泛、深厚。

2. **「寓言式散文」短小而警策，寓意深遠：**柳宗元以生動活潑的文字，鮮明的人物角色，鋪寫寓言式散文，結構緊湊，說理深刻，以〈三戒〉、〈捕蛇者說〉、〈羆說〉、〈蝜蝂傳〉最為出色。

3.「**山水遊記**」**文筆清麗**，**情景交融**：其特色承襲了《水經注》山水遊記筆法細緻精工的傳統，但又在筆觸中抒發了個人的際遇和感懷，不僅擅長刻畫山水，更用以寄託心靈。如著名的〈永州八記〉，描繪永州的八篇遊記。後代清劉鶚的《老殘遊記》即充滿柳氏筆法的山水遊記風。

a.明代文學家張岱：「古人記山水手，太上酈道元，其次柳子厚，近時則袁中郎」，可見柳宗元遊記對後世的深遠影響。

b.遊記文體到唐代有突破性的發展。柳宗元使遊記獨立成篇，數量增多，並大大提高遊記的寫作技巧，增強了遊記的內涵與審美趣味，體現出情景交融的特色，賦予山水景物鮮活的生命力。

c.柳宗元被貶永州司馬期間，縱情山水，他所寫的遊記，以「永州八記」最為有名。

4.「**傳記式散文**」：柳宗元的傳記散文，秉持了《史記》的優良傳統，藉社會中的小人物，抒發了廣大民眾的心聲，柳宗元筆下的人物往往不是出將入相的公卿，也不一定是名門貴族，只要是這個時代中具有特殊意義的人，就可以進入柳宗元的篇章中來。最有名的是〈種樹郭橐駝傳〉、〈梓人傳〉。

◎**特別說明**

a.酈道元著：《水經江水注》。

b.袁中郎，即袁宏道，以寫景散文著名：〈晚遊六橋待月記〉與兄宗道，弟中道，並有才名，時稱「三袁」，世稱：公安派或公安體。

5.「**詩歌**」**語言簡樸，蘊義深厚**：他善於運用簡樸的語言來抒發深厚的思想內容和濃烈的感情，含蓄而深刻，著名的〈江雪〉：「千山鳥飛絕，萬徑人蹤滅，孤舟蓑笠翁，獨釣寒江雪」。

在永州有詩云：「溪路千里曲，哀猿何處鳴？孤臣淚已盡，虛作斷腸聲。」

在柳州有詩云：「海畔尖山似劍鋩，秋來處處割愁腸。若為化得身千億，散上峰頭望故鄉。」

國學文化．人物追蹤

柳宗元一生大概可劃爲兩大階段：

1.三十三歲前：仕途一片平坦，是爲官的黃金期。

2.三十四歲至四十七歲，最後死於柳州：著名遊記、寓言小品皆於此時寫成，在政治上不得志，滿懷鬱憤，又被貶爲柳州司馬閒官，只得藉遊山水以求感情寄託，「既竄斥，地又荒癘，因自放山澤間，其堙厄困鬱，一寓諸文。」（《新唐書．柳宗元傳》）

六、羆說

鹿畏貙（ㄔㄨ）[1]，貙畏虎，虎畏羆（ㄆㄧˊ）[2]。羆之狀，被髮人立[3]，絕[4]有力而甚害人焉。

楚[5]之南有獵者，能吹竹爲百獸之音。寂寂[6]持弓矢罌（ㄧㄥ）火[7]，而即之[8]山，爲鹿鳴以感其類，伺（ㄙ）[9]其至，發火而射之。貙聞其鹿也，趨而至。其人恐，因爲虎而駭之；貙走而虎至。愈恐，則又爲羆，虎亦亡去。羆聞而求其類，至，則人也，捽（ㄗㄨˊ）搏挽（ㄨㄢˇ）裂[10]而食之。

今夫不善內[11]而恃外[12]者，未有不爲羆之食也。

《柳河東集》

◎美言佳句不能忘

1. 羆之狀，被髮人立，絕有力而甚害人焉。
2. 楚之南有獵者，能吹竹爲百獸之音。
3. 羆聞而求其類，至，則人也，捽搏挽裂而食之。
4. 今夫不善內而恃外者，未有不爲羆之食也。

重要注釋

1. 貙：音ㄔㄨ，形狀似狸而體形較大的野獸。
2. 羆：音ㄆㄧˊ，一種大熊，能直立害人。
3. 被髮人立：披散著毛髮，像人一樣站立，被，同「披」。
4. 絕：極、最、非常。
5. 楚：古國名，在今湖北省、湖南省一帶。

6.寂寂：悄悄地。

7.弓矢罌火：弓箭和裝有火種的瓶子。矢，箭。罌，音ㄧㄥ，小口大腹的瓶子。火，火種。

8.「即」之：到。

9.「伺」其至：音ㄙˋ，等到。

10.捽搏挽裂：揪住撕裂。捽，音ㄗㄨˊ，揪住、捉住。搏：捉住。挽裂，撕裂。

11.不善內：不善於充實內在本領。

12.恃外：倚靠外在勢力。

白話語譯

鹿害怕貙，貙怕老虎，老虎怕羆。羆的形狀是身上披散著毛髮，能像人一樣站立，極有力氣且能傷害人。

楚國南方有一個獵人，能用竹管吹出各種野獸的叫聲。有一次，他悄悄地帶著弓箭和裝有火種的瓶子，走到山裡去，吹出鹿的叫聲來引誘鹿的同類，等鹿一來到，他便在箭上燃起火種射殺牠們。貙聽到鹿鳴聲，快步奔跑過來。獵人看了很害怕，就吹出老虎的叫聲來嚇貙；貙跑掉後，老虎卻來了。獵人更加害怕，就又吹出羆的叫聲，老虎也被嚇跑了。結果羆聽到聲音就來尋找同類，來到後，看到的卻是人，就揪住獵人，把他撕裂了吃掉。

現今那些不善於充實內在本領而只倚靠外在勢力的人，沒有不成爲羆的食物的。

義理申論

在這故事中，楚國獵人沒有眞正的打獵本領，只會「吹竹爲百獸之音」來誘捕或嚇跑動物，表面上裝模作樣矇騙貙與老虎，但是一旦遇到像羆一樣的凶暴強勢者，便被打回原形，慘遭殺害。柳宗元藉由獵人的悲慘下場，深刻嘲諷了「不善內而恃外者」虛有其表的人，告誡他們若不增強自我眞正的本領，光靠虛張聲勢以度日，也許可以矇混一時，終將被揭露識破，而至身敗名裂。

〈羆說〉情節精巧、形象鮮明，堪稱小巧完美之作。一開頭，即以「鹿畏貙，貙畏虎，虎畏羆」九個字，便把鹿、貙、虎、羆四種野獸相剋的關係交代明白。隨後獵人「持弓矢罌火」入山打獵，完全顯現出「胸有成竹」的樣貌，等到貙出現時，他又馬上露出「恐懼」的樣子，當老虎隨之出現，他更害怕了，跟先前不可一世的形象迥然不同，驚惶失措狼狽相，等到羆出現後，他再也無計可施；過程中，獵人雖然一再企圖以「一物剋一物」的方式希望求得脫困，卻還是無補於事，最後落得不幸被撕咬死亡爲結局。

七、大鯨

大鯨驅群鮫(ㄐㄧㄠ)[1]、逐肥魚於渤海之尾，震動大海，簸(ㄅㄛˇ)[2]掉巨島，一啜(ㄔㄨㄛˋ)[3]而食若舟者數十。勇而未已，貪而不能止。北蹷(ㄊㄨㄛˊ)[4]於碣(ㄐㄧㄝˊ)[5]石，槁(ㄍㄠˇ)[6]焉。向[7]之以爲食者，反相與食之。臣亦徒手得焉。

《柳河東集》

重要注釋

1. 鮫：音ㄐㄧㄠ，即鯊魚。
2. 簸：音ㄅㄛˇ。搖動。
3. 啜：音ㄔㄨㄛˋ，吃。

◎美言佳句不能忘

1. 大鯨驅群鮫、逐肥魚於渤海之尾。
2. 震動大海，簸掉巨島，一啜而食若舟者數十。
3. 北蹷於碣石，槁焉。

4. 北「蹙」：蹙，音ㄘㄨˋ，皺縮。

5. 碣：音ㄐㄧㄝˊ，高聳獨立的岩石。古人言有碣石山，但地點不詳。

6. 槁：音ㄍㄠˇ，枯乾。

7. 向：通「嚮」，昔，從前。

白話語譯

在渤海邊，大鯨魚驅趕成群的鯊魚，追捕肥美的魚兒，掀起波濤使大海震盪，使巨島搖動，大鯨魚一張口，就要吞掉幾十條像小船一般的大魚。牠自恃勇猛而不停的往前衝，貪吃而停不下來。終於在北面的碣石山前擱淺，乾渴而死。而方才被牠當作食物的那些魚兒，現在反過來爭相吞食牠，我也因此空手得到了一些。

義理申論

柳宗元以鮮活之筆勾勒大鯨騰躍於海上的雄姿，實在十分生動、吸引人；表面上是在鯨魚「貪得無厭，自食惡果」，全文主旨卻在警戒人們凡事勿貪多。

八、蝜蝂傳

蝜（ㄈㄨˋ）蝂（ㄅㄢˇ）[1]者，善負[2]小蟲也。行遇物，輒（ㄓㄜˊ）持取，卬（ㄤˊ）[3]首負之。背愈重，雖困劇[4]不止也。其背甚澀[5]，物積因不散。卒[6]躓（ㄓˋ）仆（ㄆㄨ）[7]不能起。人或憐之，爲去其負。苟能行，又持取如故。又好上高，極其力不已，至墜地死。

今世之嗜（ㄕˋ）取者[8]，遇貨[9]不避，以厚其室，不知爲己累也，唯恐其不積；及其怠而躓[10]也，黜（ㄔㄨˋ）棄[11]之，遷徙[12]之，亦以病[13]矣。苟能起，又不艾（ㄞˋ）[14]，日思高其位，大其祿，而貪取滋甚，以近於危墜。觀前之死亡不知戒，雖其形魁然[15]大者也，其名[16]人也，而智則小蟲也。亦足哀夫（ㄈㄨˊ）！

《柳河東集》

重要注釋

1. 蝜蝂：一種黑色小蟲。《爾雅》：「此蟲黑身，爲性躁急，背有齟齬，故能負不能釋。」
2. 負：背。
3. 卬：音ㄤˊ，同「昂」，高高抬起。

◎美言佳句不能忘

1. 行遇物，輒持取，卬首負之。
2. 其背甚澀，物積因不散。卒躓仆不能起。
3. 今世之嗜取者，遇貨不避，以厚其室，不知爲己累也，唯恐其不積；
4. 及其怠而躓也，黜棄之，遷徙之，亦以病矣。
5. 雖其形魁然大者也，其名人也，而智則小蟲也。亦足哀夫！

4.困劇：非常疲累。困，疲累。劇，劇烈，非常。

5.澀：不光滑。

6.卒：終於，最後。

7.躓仆：跌倒。躓，音ㄓˋ，被東西絆倒。仆，音ㄆㄨ，向前跌倒。

8.嗜取者：貪得無厭的人。「嗜」：音ㄕˋ，喜好。

9.貨：指一切財物。

10.怠而躓：精疲力竭而倒下。

11.黜棄：罷官撤職。黜，音ㄔㄨˋ，貶斥。

12.遷徙：此指遭貶謫放逐。

13.病：疲累、痛苦。

14.艾：音ㄞˋ，停止。

15.魁然：高大貌。

16.名：名義。

白話語譯

蝜蝂是一種善於背負東西的小蟲。牠在爬行中遇到東西，總是要抓取過來，仰起頭背在身上。背得愈來愈重，即使非常疲憊也不肯停止。牠的背部很不光滑，東西聚積在上也不會散落，終於被壓得跌倒在地無法爬起。人們可憐牠，替牠拿掉背上的東西，可是牠只要能繼續爬行，又像原先那樣拾取東西來背負。牠又喜歡往高處爬，用盡力氣也不停止，直到掉落地上死掉。

現今世上愛好掠取貪得的人，見到財物就不放過，用以增加自家的財富，卻不知道會成爲自己的累贅，只擔心積聚得不夠多。等到因懈怠而跌倒，被貶謫罷官、降職流放，這也已深受其害。但如果能再被起用，又不肯悔改。成天只想著升官，以增加自己的俸祿，貪取財物更加厲害，而接近高處摔落的危險，看到前人因貪財喪命卻不知引以爲戒。雖然這些人的外形魁梧高大，名義上稱作人，然而見識如同蝜蝂小蟲。實在悲哀啊！

義理申論

柳宗元藉由蝜蝂的「善負」、「好高」、「至死不變」的形象，來隱喻譏斥世人之貪得無厭者，文雖短小精鍊，卻寓意深遠。

從「行遇物，輒持取」，到「躓仆不能起」，一旦「苟能行，又持取如故」，故態復萌。縱使遭遇「黜棄遷徙」，只要能東山再起，仍日思高位，掠取錢財，不知檢討過往的錯誤行徑，最後終以「至墜而死」收場。

九、永之氓

永之氓（ㄇㄥˊ）[1]咸（ㄒㄧㄢˊ）[2]善游。一日，水暴甚，有五六氓乘小船絕[3]湘水[4]，中濟[5]，船破，皆游，其一氓盡力而不能尋常[6]。其侶[7]曰：「汝善游最[8]也，今何後爲？」曰：「吾腰[9]千錢，重，是以後。」曰：「何不去[10]之？」不應，搖其首。有頃[11]，益怠[12]。已濟者立岸上，呼且號曰：「汝愚之甚！蔽[13]之甚！身且死，何以貨爲？」又搖其首，遂溺死。

吾哀之。且若是，得不有大貨而溺大氓[14]者乎？

重要注釋

1. 永之氓：永州的百姓。永，指永州，今湖南省零陵縣。氓，音ㄇㄥˊ，老百姓。
2. 咸：都，全。音ㄒㄧㄢˊ。

◎美言佳句不能忘

1. 永之氓咸善游。
2. 其一氓盡力而不能尋常。
3. 吾腰千錢，重，是以後。
4. 得不有大貨而溺大氓者乎？

3. 絕：橫渡。
4. 湘水：即今湖南湘江。
5. 中濟：渡到河水中間。濟，渡河。
6. 尋常：古制八尺爲一尋，兩尋爲「常」。
7. 侶：同伴；同行的人。
8. 善游最：「最善游」的倒裝：指最會游泳的人。
9. 腰：此名詞轉爲動詞，腰部纏著。
10. 「去」之：拋棄。
11. 有頃：一會兒時間。
12. 怠：疲倦。
13. 蔽：蒙蔽，此指糊塗之意。
14. 大氓：有錢有勢的大人物。

白話語譯

湖南永州的百姓都擅長於游泳。有一天，河水突然暴漲，有五、六人乘坐一艘小船橫渡湘江，船到了江中，船破了，大家都游泳渡江，其中有一人盡了全力卻無法游遠。他的同伴說：「你是最會游泳的人，今天爲什麼落後了呢？」那人說：「我腰纏著千錢，很重，所以落後。」朋友又說：「爲什麼不把錢扔掉呢？」那人沒有回答，只是搖搖頭。過了一會兒，那人更加疲累了。已經渡河的人站在江邊，向那人大聲呼叫：「你這個人太愚蠢了！太糊塗了！性命都快沒有了，錢還有什麼用呢？」那人又搖搖頭，最後於是淹死了。

我對那個人感到哀傷。小老百姓貪圖錢財尚且如此，世上會有不爲了大批錢財而溺水的大人物嗎？

義理申論

最會游泳的人，本來可以輕易游上岸而存活，卻因爲腰纏千金以致游不動，甚至筋疲力盡，溺死了。寓言藉永州某人貪錢溺斃的故事，諷刺世上一般視錢財高於性命的人。柳宗元其實最要批判的是一生追名逐利、奔波仕途的大人物，所以文末：「得不有大貨而溺大氓者乎？」便直刺這些人的致命傷，點明他們即使滅頂都不肯拋棄財利，而最後成爲水中魚兒的食物。試問：這樣的人生不是太可悲了嗎？

十、捕蛇者說[1]①

永州[2]之野產異蛇：黑質而白章[3]，觸草木盡死；以齧人，無禦之者[4]。然得而腊之以爲餌[5]，可以已大風、攣踠、瘻癘[6]，去死肌，殺三蟲[7]。其始太醫以王命聚之，歲賦其二[8]；募有能捕之者，當其租入[9]。永之人爭奔走焉[10]。

有蔣氏者，專其利三世矣[11]。問之，則曰：「吾祖死於是，吾父死於是，今吾嗣爲之十二年，幾死者數矣[12]。」言之貌若甚戚者[13]。余悲之，且曰：「若毒之乎[14]？余將告於蒞事者，更若役，復若賦[15]，則如何？」蔣氏大戚，汪然出涕[16]，曰：「君將哀而生之乎[17]？則吾斯役之不幸，未若復吾賦不幸之甚也[18]。嚮吾不爲斯役，則久已病矣[19]。自吾氏三世居是鄉，積於今六十歲矣[20]。而鄉鄰之生日蹙，殫其地之出，竭其廬之入[21]。號呼而轉徙，餓渴而頓踣[22]。觸風雨，犯寒暑，呼噓毒癘，往往而死者，相藉也[23]。曩與吾祖居者，今其室十無一焉[24]。與吾父居者，今其室十無二三焉。與吾居十二年者，今其室十無四五焉。非死即徙爾[25]，而吾以捕蛇獨存。悍吏之來吾鄉，

◎美言佳句不能忘

1. 然得而腊之以爲餌，可以已大風、攣踠、瘻癘，去死肌，殺三蟲。
2. 歲賦其二；募有能捕之者，當其租入。
3. 蔣氏大戚，汪然出涕
4. 而鄉鄰之生日蹙，殫其地之出，竭其廬之入。
5. 號呼而轉徙，餓渴而頓踣。
6. 觸風雨，犯寒暑，呼噓毒癘，往往而死者，相藉也。
7. 叫囂乎東西，隳突乎南北；
8. 譁然而駭者，雖雞狗不得寧焉。
9. 吾恂恂而起，視其缶，而吾蛇尚存，則弛然而臥。
10. 退而甘食其土之有，以盡吾齒。
11. 蓋一歲之犯死者二焉，其餘則熙熙而樂，豈若吾鄉鄰之旦旦有是哉。
12. 孔子曰：「苛政猛於虎也！」

叫囂（ㄒㄧㄠ）乎東西，隳（ㄏㄨㄟ）突乎南北[26]；譁（ㄏㄨㄚ）然而駭者，雖雞狗不得寧焉[27]。吾恂恂（ㄒㄩㄣˊ）而起[28]，視其缶（ㄈㄡˇ）[29]，而吾蛇尚存，則弛（ㄔˊ）然而臥[30]。謹食之[31]，時而獻焉[32]。退而甘食其土之有，以盡吾齒[33]。蓋一歲之犯死者二焉[34]，其餘則熙熙（ㄒㄧ）而樂，豈若吾鄉鄰之旦旦有是哉[35]。今雖死乎此，比吾鄉鄰之死則已後矣，又安敢毒耶[36]？」

余聞而愈悲，孔子曰：「苛政猛於虎也[37]！」吾嘗疑乎是，今以蔣氏觀之，猶信[38]。嗚呼！孰知賦斂之毒[39]，有甚於是蛇者乎！故為之說，以俟夫觀人風者得焉[40]。

《柳河東集》

重要注釋

1. 說：古代散文的一種文體，可以夾敘夾議，也可以就事論理，寫法較純議論靈活。
2. 永州：地名。漢置零陵郡，隋改永州，唐沿用。今湖南零陵縣。
3. 質：質地，底子。而：表示並列關係。章：花紋。
4. 以：同「而」，表示假設關係。齧，音ㄋㄧㄝˋ，咬。無：沒有誰，沒有哪一個。禦：抵擋，這裡引伸爲醫治。

5. 而：表示順承關係。腊，通「臘」，音ㄌㄚˋ，風乾的肉。這裡用作動詞，把蛇製成肉乾的意思。以爲：即「以之爲」，中間省去指代蛇乾的「之」。餌：指藥物。

6. 已：止，治好。大風：痲瘋病。攣踠：攣，音ㄌㄨㄢˊ，拳曲無法伸直。踠，音ㄨㄢˇ，腳彎曲。手足彎曲不能伸展的病。瘻，音ㄌㄡˋ：脖子腫。癘：惡瘡。

7. 死肌：壞死的肌肉。三蟲：幾種使人生病的蟲，三尸蟲，道家稱頭、胸和腹爲三尸，三尸生蟲人便會生病。三尸蟲，即指潛伏於人體內的寄生蟲。一般指寄生蟲。

8. 歲賦其二：每年徵收兩次。賦，動詞，徵收。太醫：給皇帝治病的醫師；御醫。聚：徵集。

9. 當：抵充。租入：應繳納的租稅。入：繳納。

10. 奔走：忙著做某件事。焉：「於是」的合義，爲這件事。

11. 專其利：獨享這種好處。

12. 嗣：繼承。幾：幾乎。數：多次。

13. 戚：憂傷，悲痛。者：相當於「的樣子」。

14. 且：一邊，一方面。若：你。毒：怨恨。

15. 將：打算，準備。蒞事者：主管這件事的人，指地方官。更：更換。役：差使。復：恢復。賦：租稅。

16. 汪然：水滿貌，這裡指淚水滿眶的樣子。涕：眼淚。

17. 而：表示遞進關係。生之：使之生。生：使動用法，活（下去）。之：指代蔣氏自己。

18. 斯：此，這。未若：還不如。甚：嚴重、厲害。

19. 向：從前假使，以前如果。病：這裡指困苦不堪。

20. 吾氏：我家。積：累計。

21. 而：表示轉折關係。蹙：音ㄘㄨˋ，窘迫，困苦。殫：音ㄉㄢ，竭盡。出：用作名詞，出產，產品。竭：和上句的「殫」同義，互文。所謂「互文」，就是把同義詞成對地使用，避免字面重複。入：用作名詞，收入。

22. 轉徙：輾轉流亡。頓踣：勞累倒下。

23. 觸：冒犯。和下一句的「犯」同義，互文。呼噓：呼吸。毒癘：瘟疫毒氣。而：表示因果關係。相藉：相互壓疊，極言其多。

24. 曩：音ㄋㄤˇ，從前，過去。焉：表示肯定和終止的語氣。

25. 爾：猶「耳」，表示終止的語氣。

26. 悍：凶狠。叫囂：吵鬧。乎：同「於」。隳突：隳，音ㄏㄨㄟ，亂衝亂撞，騷擾破壞。

27. 譁然：亂嚷嚷地。而：表示修飾關係。雖：即使，就是。焉：感歎的語氣。

28. 恂恂：音ㄒㄩㄣˊ，擔心的樣子。

29. 缶：音ㄈㄡˇ，一種口小腹大的瓦罐。

30. 弛然：放心的樣子。

31. 食：音ㄙˋ，當動詞，通「飼」，餵養。

32. 時：按時，到時。焉：它，指代蛇。

33. 甘食：吃得很香。有：用作名詞，收穫的東西。盡吾齒：度過我的餘年。齒：借代爲年齡、年紀。

34.蓋：大約，大概。犯：冒著。
35.熙熙：和樂的樣子。豈：哪裡，怎麼。旦旦：天天。是：指稱死亡的威脅。
36.乎：用法同「於」，在。安：怎麼，哪兒。耶：表示疑問和感歎的語氣。
37.苛政猛於虎：殘酷的政令比老虎還凶猛。語出《禮記．檀弓下》記載：孔子經過泰山下面，看見一個婦人在墳墓上哭得十分傷心，問她爲什麼？她說她的公公、丈夫和兒子都被老虎咬死。孔子問她：「爲什麼不離開？」她說：「這裡沒有苛政。」孔子慨歎著說：「苛政比猛虎還凶啊！」
38.乎：同「於」。猶信：還是可信的。
39.嗚呼：感歎詞。孰：誰。
40.俟：等待。夫：這，那。人風：民風、民情。唐人避太宗李世民諱，所以改民爲「人」。焉：它，指代這篇說。

白話語譯

永州野外生產一種奇異的蛇，黑色質地，白色花紋。草木一接觸牠就要枯死。咬了人，沒有能夠醫好的。可是人們捉它風乾製成藥，可以治好痲瘋、四肢彎曲、脖子腫和惡瘡，還可以除去壞死的肌肉，殺死人體內的各類寄生蟲。開始時太醫奉皇帝的命令來徵收這種蛇，每年徵收兩次。招募到能捉到毒蛇的人，就以捕獲的蛇來抵消他應交的賦稅。永州人都爲這件事競相奔走。

有一個姓蔣的，獨享這種捕蛇免稅的好處已經三代了。我問他，他就說：「我祖父死於捕蛇，我父親也死於捕蛇，如今我接著這件事已經十二年，幾乎喪命好多次了。」談起這件事，臉色顯得十分悲痛。我可憐他，並且對他說：「你怨恨這件事嗎？我將告訴管這件事的地方官吏，更換你的差使，恢復你的賦稅，怎麼樣？」姓蔣的更加悲痛，淚汪汪地說：「您打算可憐我讓我活下去嗎？那麼，我這個差使的不幸，還不如恢復我賦稅的不幸厲害呀！如果不做這個差使，我早就困苦不堪了。自從我家三代住在這個鄉里，到現在已經六十年了。鄉鄰們的生活一天比一天困苦。他們耗完了自己土地的出產，用盡了自己家裡的收入。哭喊著到處流亡，飢渴勞累得倒下來。冒著風雨，頂著寒暑，呼吸著瘟疫毒氣，因此而死掉的屍體往往一具一具地相互堆疊。過去同我祖父住一村的，如今十家中剩不到一家了；同我父親住在一村的，如今十家中剩不到二、三家了；同我住在一村十二年的，今天十家中沒有四、五家了。不是死了就是搬走了，可是我們家因為捕蛇而單獨保存下來。蠻橫的官吏到我們的鄉里，到處吵鬧，到處衝撞破壞，喧嚷叫囂讓人害怕的模樣，就是雞狗也不得安寧呀！我擔心地起來看看瓦罐，我捉到的蛇還在裡面，就安心地去睡覺。謹慎地飼養它，按時貢獻。回家來就津津有味地吃著自己地裡出產的東西，來度過我的餘年。大概一年中冒著死亡的危險只有兩次。其餘時間就舒服地過著安樂的日子，怎會像我的鄉里鄰居天天有死亡的威脅呢？如今我即使死於捕蛇，比起我的鄉鄰們已經算是死得晚的了，又怎麼敢怨恨呢？」

我聽完這些話更加悲傷了。孔子說：「苛刻的政令比老虎還凶猛啊！」我曾經對這句話感到懷疑。現在拿蔣氏的事情來看，這句話還是可信的。唉！誰知賦稅的毒害，比這種毒蛇更厲害呢！所以我寫了這篇記，來等待那些視察民情的人知道。

義理申論

本文選自《柳河東集》，屬雜記類古文。〈捕蛇者說〉，談的是捕蛇者的事（「說」是文體名稱），是作者貶居永州時的作品。

安史之亂（西元七五五年）以後，唐朝廷極其腐敗奢侈，各地節度使擁兵自重，眾多的軍隊和僧人道士耗費驚人，農村土地兼併劇烈，農民在重重剝削之下破產逃亡，但爲政者卻依舊變本加厲地徵收賦稅。文中藉捕蛇者的故事說明「苛政」和「重賦」對百姓的危害，比猛虎和毒蛇不知厲害多少倍，表現了作者對人民的深切同情。

本文在寫作上的另一個特色，是準確地刻畫了人物的心理和表情。以蔣氏捕蛇雖痛苦而尚能生存，與其「鄉鄰之生日蹙」，「往往而死者相藉也」相對比；拿蔣氏祖孫三代「以捕蛇獨存」，與鄉鄰「非死則徙爾」對映；悍吏來鄉里逼稅，鄉鄰「譁然而駭者，雖雞狗不得寧」，蔣氏卻因「吾蛇尚存」而能「弛然而臥」。蔣氏因以蛇抵稅，一年只須冒兩次死亡危險，其餘時間則可「熙熙而樂」，鄉鄰卻「日日有是」，時刻受到死亡的威脅對比。寫捕蛇者蔣氏講述他祖孫三代的不幸遭遇時，其表情是「貌若甚戚」，而當聽到作者打算爲他恢復賦稅時，則是「大戚，汪然出涕」。寫作者聽蔣氏訴說他一家三代遭蛇毒害時，是「悲之」，及至聽到他訴說鄉鄰在重賦下「非死則徙」的情況時，「愈悲」。這些地方都準確地把握了人物心理表情的變化，而人物心理表情的變化，又顯示了毒蛇之毒與賦斂之毒在程度上的差別。

本文可視爲柳宗元十分典型的寓言故事性散文，一如柳氏向來言語簡潔流暢而善用對偶、排比。如：「號呼而轉徙，飢渴而頓踣」和「觸風雨，犯寒暑」兩組偶句，形象地描寫農民流離失所、飢寒交迫的悲慘景象。用「叫囂乎東西，隳突乎南北」的偶句，在在揭露了地方小吏凶悍的面貌。

十一、始得西山宴遊記

自余爲僇人[1]，居是州，恆惴慄[2]。其隟[3]也，則施施[4]而行，漫漫[5]而遊。日與其徒上高山，入深林，窮迴谿[6]；幽泉怪石，無遠不到。到則披草[7]而坐，傾壺而醉，醉則更相枕以臥；臥而夢，意有所極[8]，夢亦同趣[9]；覺而起[10]，起而歸。以爲凡是州之山水有異態者，皆我有也，而未始知西山[11]之怪特。

今年九月二十八日，因坐法華西亭[12]，望西山，始指異之[13]。遂命僕過湘江[14]，緣染溪[15]，斫榛莽[16]，焚茅茷[17]，窮山之高而止。攀援而登，箕踞而遨

◎**美言佳句不能忘**

1. 自余爲僇人，居是州，恆惴慄。
2. 其隟也，則施施而行，漫漫而遊。
3. 上高山，入深林，窮迴谿。
4. 到則披草而坐，傾壺而醉，醉則更相枕以臥。
5. 臥而夢，意有所極，夢亦同趣
6. 攀援而登，箕踞而遨，則凡數州之土壤，皆在衽席之下。
7. 其高下之勢，岈然洼然，若垤若穴。
8. 尺寸千里，攢蹙累積，莫得遯隱。
9. 縈青繚白，外與天際，四望如一。
10. 悠悠乎與顥氣俱而莫得其涯。
11. 洋洋乎與造物者遊而不知其所窮。
12. 心凝形釋，與萬化冥合。

[18]，則凡數州之土壤，皆在衽[19]席之下。其高下之勢，岈然[20]洼然[21]，若垤[22]若穴，尺寸千里[23]，攢蹙[24]累積，莫得遯隱[25]。縈青繚白[26]，外與天際[27]，四望如一。然後知是山之特出，不與培塿[28]爲類，悠悠乎與顥氣俱而莫得其涯[29]，洋洋乎與造物者遊而不知其所窮[30]。引觴滿酌，頹然就醉，不知日之入。蒼然暮色，自遠而至，至無所見，而猶不欲歸。心凝形釋[31]，與萬化冥合[32]。然後知吾嚮[33]之未始遊，遊於是乎始，故爲之文以志[34]。

是歲，元和四年[35]也。

《柳河東集》

重要注釋

1. 僇人：有罪受辱的人。柳宗元因遭貶謫，故自稱僇人。僇，音ㄌㄨˋ，通「戮」，有蒙受羞辱之意。
2. 恆惴慄：心中經常恐懼不安。恆，經常。惴慄，音ㄓㄨㄟˋ ㄌㄧˋ，恐懼不安的樣子。
3. 隟：音ㄒㄧˋ，「隙」的古字。此指閒暇的時候。

4. 施施：從容緩步行走的樣子。施，音ㄧˊ。

5. 漫漫：形容漫無目的、無拘無束的模樣。

6. 迴谿：蜿蜒曲折的溪流；迴：曲折。谿，音ㄒㄧ，山間水流；通「溪」。

7. 披草：撥開草叢。披，撥開。

8. 意有所極：心裡想到那裡。極，至。

9. 夢亦同趣：夢也到了那裡。趣，音ㄑㄩ，通「趨」，向、往。

10. 覺而起：覺，音ㄐㄩㄝˊ，醒來。

11. 西山：山名，在今湖南省永州市西，瀟水支流染溪旁，今稱糧子嶺。

12. 法華西亭：法華寺的西亭。法華寺，在永州市城內東山之上。

13. 始指異之：才指著西山，發現它的奇特。之，指西山。

14. 湘江：即湘水，源於廣西壯族自治區桂林市興安縣海洋山，經湖南北流，注入洞庭湖。

15. 染溪：又名冉溪，柳宗元曾將之改名愚溪，在永州市西南，東流注入瀟水。

16. 斫榛莽：砍伐叢生的草木。斫，音ㄓㄨㄛˊ，砍。榛，音ㄓㄣ，叢生的樹木。

莽，音ㄇㄤˇ，雜生的草。

17. 焚茅茷：焚燒茂密的草叢。茅，草名。茷，音ㄈㄟˋ，草叢茂密的樣子。

18. 箕踞而遨：放任自適地張開兩腿坐在地上，遊目四望。箕踞，張開兩腿坐在地上，形如簸（音ㄅㄛˋ）箕（音ㄐㄧ），有放任自適之意。箕，簸箕。踞，坐。遨，音ㄠˊ，遊賞，此指遊目四顧。

19. 衽：音ㄖㄣˋ，席子。古人用以爲坐臥之具。

20. 岈然：凸起的樣子。岈，音ㄒㄧㄚ。

21. 洼然：凹陷的樣子。洼，音ㄨㄚ。

22. 垤：音ㄉㄧㄝˊ，小土堆。

23. 尺寸千里：千里之遠的景物，都收縮聚集在尺寸之間。

24. 攢蹙：聚集擁擠的樣子。攢，音ㄘㄨㄢˊ，聚集。蹙，音ㄘㄨˋ，縮。

25. 遯隱：隱藏。遯，音ㄉㄨㄣˋ，通「遁」，逃避、隱匿。

26. 縈青繚白：青山白雲相圍繞。縈與繚，均有圍繞的意思。青，指青山。白，指白雲。縈，音ㄧㄥˊ，纏繞。

27. 外與天際：最高遠處和天相接連。外，指最高遠處。際，動詞，交接。

28. 培塿：音ㄆㄛˇ ㄌㄡˇ，小山丘；小土堆。

29. 悠悠乎與顥氣俱而莫得其涯：西山的久遠，和天地同生，不知道它開始於何時。悠悠，久遠無盡貌。顥氣，大氣，浩氣，即天地之氣。顥，音ㄏㄠˋ，大。涯，邊際。

30. 洋洋乎與造物者遊而不知其所窮：西山的廣大，與天地同在，而不知道它的盡頭。洋洋，廣闊無邊的樣子。造物者，創造萬物的主宰。《莊子．天下篇》：「上與造物者遊」。

31. 心凝形釋：心靈凝聚，形體消釋。隱喻已渾然忘記個人形骸的存在。釋，消釋、解脫。

32. 與萬化冥合：在不知不覺間，與大自然合為一體。萬化，指大自然。冥，暗；隱約。

33. 嚮：通「向」，以前。

34. 志：通「誌」，記錄。

35. 元和四年：元和，唐憲宗年號，西元八〇九年。

自從我因罪被貶成了有罪受辱之人，謫居永州之後，心中時常恐懼不安；一有空暇，就從容地到處走走，毫無目的地的四下逛逛。每天跟朋友登高山，走進密林，深入曲折的溪流的盡頭；凡是有幽靜泉水、奇特巖石的地方，不論多遠，沒有不到的。到了之後，就撥開野草席地而坐，倒出壺裡的酒，盡情地喝；喝醉了，大家就互相把頭靠在別人身上躺著，睡著了，就做起夢來。想到什麼也就夢到那裡。醒了就起來，起來就回去。以為所有永州的奇山異水，我都遊覽過了，卻不曾認識到西山景物的奇特。

今年九月二十八日，因為坐在法華寺的西亭上，遠遠看到了西山，方才指著它驚異起來。就帶著僕人渡過湘江，沿著染溪，砍伐野草雜樹，燒掉茂密的雜草，一直到登上山頂為止。大家攀拉著向上爬，到了山上，放任張開兩腿坐在地上，遊目四顧，附近幾個州的土地，都在我們的座席之下。四周那些高低不一的地勢，有的凸起的像土堆，低窪的像洞穴。千里遠的景物，都聚集眼前的尺寸之間，無法隱藏；青山白雲相互環繞，綿延至遠方與天邊相接，從四面望去，景色都是一樣。這時候我才知道西山的特出，和那些小土丘截然不同，它是那樣的悠遠，與天地同生，而不知道它的起始；它又是那樣的遼闊，和大自然同在，看不到它的盡頭。我們舉起酒杯，滿滿的一杯一杯的喝下去，一直喝到大醉，倒了下來，不知不覺太陽已經下山了。昏暗蒼茫的夜色，從遠處逐漸籠罩過來，一直到什麼都看不見了，而依然不想回去。此時我的心神凝聚，形體消釋解脫，在不知不覺中與大自然融爲一體，然後此時我才領悟到以前我所遊玩的都不算，眞正的遊覽要從這次開始，所以我寫了這篇文章把它記載下來。這一年是元和四年。

義理申論

本文爲柳宗元〈永州八記〉的第一篇，記始得西山遊覽之勝。題目上別加「始得」二字，不僅說明眞正的遊賞自此開始，並隱約暗示發現西山也是心境上的一個轉折，更是人生另一個新的開始。

宗元長於古文，韓愈稱其「雄深雅健，似司馬子長（司馬遷）」，是文學史上傑出的散文大師。作品可分爲論說、傳記、寓言、遊記四大類。任官永州十年期間，致力於研究歷史、文學，並遊歷永州山山水水，撰寫遊記〈永州八記〉，是他的創作顚峰期。

其山水遊記，常藉景物以抒情，文辭清麗，描摹傳神，向爲世人所稱道。寓言方面，尤爲膾炙人口，以幽默諷刺的筆法，反映嚴肅的主題，針砭時政，剖析人性，發人深省，更是開創了寓言文學的新局面。論辨之作，則觀點十分鮮明，充滿說服力。與韓愈齊名，並稱「韓柳」，後世推為唐宋古文八大家之一。

柳宗元喜好短句、對偶、排比，且愛頂眞。

本文以「遊西山」爲分界點，書寫遊西山之前後的不同心情。首段開始以「恆惴慄」三字，點出自貶謫以來始終無法擺脫心中的恐懼與不安，「恆」字尤其表現出個人時時感到屈辱、壓抑，有志不得伸的痛苦，於是只有藉縱情山水來排憂解悶。

而一直到最後的「心凝形釋，與萬化冥合」，充分的表達了物我兩忘，豁然開朗之情。

文化小知

永州八記

柳宗元被貶到湖南，任永州司馬期間，縱情山水，他所寫的山水遊記，以永州八記最爲有名。

◎**特別說明**

針砭：砭，音ㄅㄧㄢ，石針，用以刺人經穴以治病。針砭，有糾正、諷勸之意。

篇名	主題
始得西山宴遊記	始得西山遊覽之勝
鈷鉧潭記	敘述鈷鉧潭景色
鈷鉧潭西小丘記	奇石之美與悠遊之樂
至小丘西小石潭記	潭景
袁家渴記	在渴中小山遇大風之景觀
石渠記	泉水及泉上景物
石澗記	遊賞溪澗之趣
小石城山記	小石城山附近景觀

◎**特別說明**

1. 鈷鉧：音ㄍㄨˇ ㄇㄨˇ，即古代的熨斗。形如：手柄裡面放火碳
2. 渴，音ㄏㄜˊ，水之倒掛者，類似「瀑布」。

重要形音義辨正

1. **覺**　ㄐㄩㄝˊ

a. 辨知事物的能力。如：「知覺」、「視覺」、「幻覺」。

b. 睡醒。如：「覺而起，起而歸」。

c. 省悟；知曉。如：「覺悟」、「先知先覺」。

d.賢智之人。如：「先覺」。

e.啓發；告訴。如：「使先知覺後知」（《孟子．萬章上》）。

2. ㄐㄧㄠˋ

a.睡眠。如：「睡覺」、「睡懶覺」。

b.通「較」。比較；差異。「我才不及卿，乃『覺』三十里」（《世說新語．絕妙好辭》）。

施

1. ㄕ

a.實行；推行。「無計可施」、「恩威並施」。

b.給予。「施比受更有福」、「擇其親而貧、疏而賢者，咸施之」（錢公輔〈義田記〉）。

c.加。「己所不欲，勿施於人」（《論語．衛靈公》）。

d.恩惠；德澤。「受施慎勿忘」（崔瑗〈座右銘〉）。

2. ㄧˋ

a.延及。「施于孫子」（《詩經．大雅．皇矣》）。

b. 斜曲。「蚤起，施從良人之所之」（《孟子・離婁下》）。

c. 施施：舒緩、從容徐行貌。音 ㄧˊ ㄧˊ 或 ㄕ ㄕ，亦可。

d. 施施：音 ㄕ ㄕ，喜悅自得貌，「施施從外來」（《孟子・離婁》）。

攢

1. ㄘㄨㄢˊ。聚集。「攢蹙累積」。
2. ㄗㄢˇ。儲蓄；積蓄。「攢錢」。

鑽

1. ㄗㄨㄢ。深入探究。「仰之彌高，鑽之彌堅」（《論語・子罕》）。
2. ㄗㄨㄢˋ。金剛石。「鑽石」、「鑽戒」。
3. ㄗㄨㄢˋ。穿孔的器具。如：「電鑽」。
4. ㄗㄨㄢ。以鑽子之類的器具在物體旋轉穿洞。「鑽洞」「鑽木取火」。

讚

音 ㄗㄢˋ。稱美；頌揚。「讚美」、「稱讚」、「讚不絕口」。

培

1. ㄆㄛˇ。小土堆；小土丘。「培塿」。

2. ㄆㄟˊ。在植物根部加上泥土和肥料。「栽培」、「培育」。

觴

音ㄕㄤ。酒器；酒杯。「引觴滿酌」。

殤

1. ㄕㄤ。未成年而死。如：「夭殤」。
2. ㄕㄤ。爲國戰死的人。如：「國殤」。

傷

1. 受傷。如：「傷口」、「傷亡」。
2. 毀謗；冒犯。「出口傷人」。
3. 耗損；敗壞。「傷神」、「傷天害理」。
4. 悲痛。「傷心」、「傷慟」。

十二、國學常識補給站

充滿創意活力的古文運動（或稱散文運動）

1.背景：

魏晉以來，文尚駢儷，至唐更爲嚴重，文章偏重形式和華麗辭藻，內容空洞。

2.前驅：

唐初王勃、駱賓王、楊炯、盧照鄰都不拘於駢文，而爲古文運動之前驅，稱爲「初唐四傑」。

3.發展：

唐韓愈主張以先秦、兩漢內容充實、形式自由的散文，取代六朝以後空疏無本、華而不實的駢文。

由於摯友柳宗元、門弟子李翺、李漢、皇甫湜等人的共同努力，古文終於蔚爲一時風氣。

4. 集大成：

至宋歐陽修極力推崇韓文，王安石、曾鞏及三蘇繼起，皆以古文著稱，古文始爲文章之正宗。

明茅坤編成唐宋八大家文鈔，文學史上，方才有「八大家」之名，而以韓愈爲宗師。

你不可不認識的唐宋八大家

唐朝

韓愈、柳宗元（二人並稱韓、柳）

人名	時代	字號	生平	學術
韓愈	中唐，河南河陽人。	字退之，自謂昌黎韓愈，世稱韓昌黎。	1.三歲而孤，靠兄嫂撫養，早年刻苦爲學。 2.發揚儒家學說，排斥佛、老思想。 3.蘇軾讚其「文起八代之衰，道濟天下之溺」，「匹夫而爲百世師，一言而爲天下法。」	1.爲唐宋古文八大家之首。 2.散文以「載道」爲主，氣魄雄渾，語言精鍊。 3.詩屬怪誕派。 4.著有：《昌黎先生集》。

人名	時代	字號	生平	學術
柳宗元	中唐，河東縣人。	字子厚，世稱柳河東，又稱柳柳州。	1. 因參與王叔文政治革新失敗，貶為永州司馬，於是寄情山水。 2. 後調任柳州刺史，政績卓著，卒於任內。	1. 文章雄深雅健，俊潔精簡。 2. 爲文勇於創新，以幽默諷刺的筆法，反映嚴肅的社會現象。 3. 長於山水遊記和寓言，山水遊記成爲後世遊記的楷模。 4. 劉禹錫爲他編集詩文遺稿《柳河東集》傳世。

宋朝

歐陽修、曾鞏（二人風格相近，古來並稱「歐、曾」，曾子固為歐陽門下弟子）

人名	時代	字號	生平	學術
歐陽修	北宋，吉州廬陵人。	字永叔，晚號六一居士，諡文忠。	1. 初爲諫官，後貶滁州、揚州任知州。 2. 爲官剛直敢言，頗能培養人才，曾支持范仲淹等人倡導的「新政」主張。 3. 爲北宋文壇的領袖，詩文革新運動的主將。	1. 文章平易流暢，清新自然。 2. 詩詞清麗明媚，有《六一詞》。 3. 著有：《歐陽文忠公集》、《新五代史》，與宋祁合纂《新唐書》。
曾鞏	北宋，建昌南豐人。	字子固，南豐先生。	1. 二十歲即名聞四方，歐陽修見其文歎爲奇才。 2. 仁宗時，召編校史館書籍，曾校勘《戰國策》、《說苑》、《新序》、《列女傳》等典籍。	1. 爲文原本六經，斟酌於司馬遷、韓愈。 2. 氣勢縱橫，跌宕多姿；尤以筆法精警、長於議論。 3. 著有：《元豐類稿》。

三蘇（皆好讀《戰國策》、《史記》，除詩之之外也都長於策論）

人名	時代	字號	生平	學術
蘇洵，父。（老蘇）	北宋，州眉山人。	字明允，號老泉，追贈光祿寺丞。	1.年二十七，始發憤爲學。 2.與二子進京，得歐陽修、韓琦之賞識。 3.與姚闢同修《太常因革禮》一百卷，書成而卒。	1.文章得力於《戰國策》、《史記》，長於議論，古勁簡直，有先秦之風。 2.初至京師著〈權書〉、〈衡論〉等二十二篇，被當世士大夫爭相傳誦。 3.著有：《嘉祐集》。
蘇軾，兄。（大蘇）	北宋，州眉山人。	字子瞻，號東坡居士，諡文忠。	1.上書議論新法，與王安石不合，自請外任，歷遷各州。六十一歲貶海南島儋州。 2.因「烏臺詩案」，貶至黃州，築室東坡之上，故自號「東坡居士」。 3.知杭州，建西湖長隄（即今西湖之蘇隄春曉）。卒於常州。	1.思想恢弘，才氣縱橫，文筆雄深雅健。 2.策議論辨之作，皆所擅長：詩、詞、書、畫亦具有特殊風格，爲全才文人。 3.著有：《東坡全集》、《東坡樂府》。 4.詞開豪放一派風格，與辛棄疾並稱蘇辛。 5.書法與米芾、蔡襄、黃庭堅合稱「米、蔡、蘇、黃」，有「宋四家」之稱。
蘇轍，弟。（小蘇）	北宋，州眉山人。	字子由	1.年十九歲與兄軾同登進士。 2.因反對新法，與王安石不合，出爲河南推官。 3.歸隱許州，築室穎水之濱。自號穎濱遺老。	1.蘇軾嘗云：「子由之文，詞理精確，有不及吾；而體氣高妙，吾所不及。」 2.文章汪洋澹泊，適如其人，而秀傑之氣，終不可掩。 3.長於各類文體，以策論最爲出色，其記遊之作，寫景狀物亦精妙出色。 4.著有：《欒城集》、《欒城後集》。

人名	時代	字號	生平	學術
王安石	北宋，臨川人。	字介甫，號半山，諡文，世稱王文公、王荊公。	1.「面目黝黑，膚如蛇皮」，二十二歲舉進士，自願外放爲地方官十餘年，有政聲。 2.神宗時推行新法，因改革過急，用人不當，爲保守派反對而失敗。 3.晚年退居金陵，築室稱半山園，自號「半山」。 4.曾封荊國公，故世稱王荊公。 5.爲北宋偉大的政治家、文學家。	1.散文風格峭拔，結構謹嚴，論說深透，文辭簡鍊。 2.工詩能詞。詩風遒勁，晚年抒情小詩，工麗清新；詞風格高峻。 3.自謂：「天變不足畏，祖宗不足法，人言不足恤。」 4.著有：《臨川先生文集》。

第二篇

聽！神機妙算劉伯溫說故事

一、趙人患鼠

趙人患[1]鼠，乞[2]貓于中山[3]，中山人予之。貓善捕鼠及雞。月餘，鼠盡而其雞亦盡。其子患之[4]，告其父曰：「盍（ㄏㄜˊ）去諸[5]？」其父曰：「是非若所知也[6]。吾之患在鼠，不在乎無雞。夫（ㄈㄨˊ）有鼠則竊吾食，毀吾衣，穿吾垣（ㄩㄢˊ）墉（ㄩㄥ）[7]，壞傷吾器用，吾將飢寒焉，不病于無雞乎[8]？無雞者，弗食雞則已耳，去[9]飢寒猶遠，若之何[10]而去夫（ㄈㄨˊ）貓也。」

重要注釋

1. 患：困擾、憂慮。
2. 「乞」貓：求。
3. 中山：戰國時代古國名。在今河北省定縣一帶，戰國時爲趙所滅。
4. 患「之」：指「雞亦盡」這件事。
5. 盍去諸：何不弄走貓呢。盍，音ㄏㄜˊ。何，「何不」的合音。
6. 是非若所知也：這不是你所能懂得的。是，此。若，你。

◎美言佳句不能忘

1. 貓善捕鼠及雞。月餘，鼠盡而其雞亦盡。
2. 夫有鼠則竊吾食，毀吾衣，穿吾垣墉，壞傷吾器用，吾將飢寒焉。
3. 無雞者，弗食雞則已耳，去飢寒猶遠。

7.穿吾垣墉：挖穿我們的牆壁。垣墉，音ㄩㄢˊ ㄩㄥ，牆壁。垣：短牆。例：城垣。墉：高的牆。

8.不病于無雞乎：豈不是比沒有雞所造的禍害更大嗎？病，禍害。

9.去：距離。

10.若之何：爲什麼。

白話語譯

有個趙國人家中老鼠爲患，就向中山國的人求貓，中山國人給了他。貓很會捉老鼠，但同時也咬雞。一個多月後，老鼠被抓光了，雞也被咬光了。他的兒子憂慮此事，對父親說：「爲什麼不把貓弄走呢？」父親說：「這你就不懂了。我們應該擔心的是老鼠，而不是沒有雞。有了老鼠就會偷吃我們的食物，咬破我們的衣服，挖穿我們的牆壁，弄壞我們的器具，使我們挨餓受凍，禍害豈不比沒有雞還嚴重？沒有雞，不吃雞就算了，還不至於挨餓受凍，爲什麼要把貓弄走呢？」

義理申論

〈趙人患鼠〉，選自《郁離子．枸櫞（ㄍㄡˇ ㄩㄢˊ）篇》。透過養貓與否的利弊分

◎按：枸櫞，木名。其果實狀如人手，俗稱「佛手柑」，可入藥。

析，說明兩害相權取其輕的道理。

利害有輕重之分，兩利相權，人人皆知取其重；兩害並至，人們往往拿不定主意，以致並受其害。如何權衡害之輕重，果斷抉擇，先忍其輕者，去其重者，而後再圖良策，這是讀「捕鼠」一則所應深思的。文中鼠之害大於貓，所以趙人寧留貓以絕鼠患，而忍受無雞可食之害，正是兩害相權取其輕的明智作法。

作者運用了貓、鼠、雞的特性，製造出兩難的困境。貓可以捕鼠，解決鼠患；但也會捉雞，造成另一個害處。

作者透過父子的問答提出因應之道：沒有雞，尚不至於影響生活；但老鼠的問題不解決，終將飢寒交迫，屋毀器皿壞。權量之下，自然知所取捨。這個故事表達了世事不能兩全其美時，就要考慮輕重緩急，才有明智的抉擇，全文充滿哲意。

二、鄙人學蓋

鄭之鄙(ㄅㄧˇ)人[1]學爲蓋[2]，三年藝成而大旱，蓋無所用，乃棄而爲桔槔(ㄐㄧㄝˊ ㄍㄠ)[3]。又三年藝成而大雨，桔槔無所用，則又還(ㄏㄨㄢˊ)爲蓋焉。未幾[4]而盜起，民盡改戎服[5]，鮮(ㄒㄧㄢˇ)[6]有用蓋者，欲學爲兵[7]，則老矣。

郁離子[8]見而嗟之曰：「是殆(ㄉㄞˋ)類漢之老郎[9]與？然老與少非人之所能爲也，天也；藝事由己之學，雖失時在命，而不可盡謂非己也。故粵有善農者，鑿田[10]以種稻，三年皆傷于澇(ㄌㄠˋ)[11]，人謂之宜洩水以樹黍[12]，弗對[13]而仍其舊。其年乃大旱，連三歲，計其獲則償所歉[14]而贏[15]焉。故曰：『旱斯具舟，熱斯具裘。』天下之名言也。」

重要注釋

1. 鄙人：鄉野之人。鄙，音ㄅㄧˇ，邊境荒僻之地。
2. 蓋：傘。
3. 桔槔：音ㄐㄧㄝˊ ㄍㄠ，汲水器具。用一橫木，架或懸於井上方之固定物，木之

◎美言佳句不能忘

1. 三年藝成而大旱，蓋無所用，乃棄而爲桔槔。
2. 未幾而盜起，民盡改戎服，鮮有用蓋者，欲學爲兵，則老矣。
3. 然老與少非人之所能爲也，天也。
4. 藝事由己之學，雖失時在命，而不可盡謂非己也。
5. 『旱斯具舟，熱斯具裘。』天下之名言也。」

一端繫水桶，一端繫重物，以省汲引之力。
4. 未幾：沒多久。
5. 戎服：便於戰鬥的服裝；軍服。
6. 鮮：音ㄒㄧㄢˇ，少也。
7. 兵：兵器，武器。
8. 郁離子：《郁離子》書中之假託人物，其言論可視爲劉基之見解。
9. 漢之老郎：指漢顏駟。駟自文帝時爲郎，蹉跎不遇，至武帝時，年已老，尚爲郎官。
10. 鑿田：耕田。
11. 潦：音ㄌㄠˋ，同「潦」，被水淹沒。
12. 樹黍：，黍音ㄕㄨˇ，屬北方的秋糧。樹，轉品，此處由名詞轉爲動詞，當「種植」解。
13. 對：答。
14. 歉：損失。
15. 贏：剩餘。

白話語譯

鄭國有個鄉下人學做傘，三年後技術學成，卻碰到乾旱，傘派不上用場，就丟下做傘的手藝去學做汲水的桔槔。又過三年技藝學成，卻碰到大雨，桔槔沒有用處，於是又跑回去做傘。沒多久盜賊四起，百姓大都改穿軍服，很少有人用傘，這時他又想去學做兵器，年紀卻已經太大了。

郁離子看了歎息說：「這大概就像漢朝的老郎官吧？雖然一個人年紀大或小不是人力所能控制的，是自然的法則；技藝卻可以靠自己去學，縱使錯過時機是由於命運，但也不能說自己完全沒錯。粵地有一個擅長耕種的人，耕田種稻，三年都因水災而蒙受損失，別人教他放掉田中的水改種黍，他不理會而照樣種稻。那年卻發生大旱，且連著乾旱了三年，算算他所得的利益，抵過損失後還有多餘。所以說：『乾旱時就準備船，熱天就要預備皮裘。』是天下的名言。」

義理申論

趨利避害是人類共同的心理，也是人類行爲的基本動機之一。但是對於利害的衡量、認定和取捨，卻因人而異，這關係著其人智量的淺深和境界的高下。

利害大小有久暫之別，眼前一時的利，可能伏下將來長遠的禍；眼前短暫的害，卻也可能是未來長遠利益的契機。當然，眼前有利，未必將來有害；眼前是害，也未必將來會有利。凡事唯有冷靜考量，謹慎選擇，堅持信念與原則，努力以赴，相信終有成功的希望，而不會像「鄙人學蓋」般的隨波逐流，一事無成。

三、虞孚

虞孚問治生[1]于計然[2]先生，得種漆之術。三年，樹成而割之，得漆數百斛[3]，將載而鬻[4]諸吳。其妻之兄謂之曰：「吾嘗於吳商，知吳人尚[5]飾，多漆工，漆於吳爲上貨；吾見賣漆者煮漆葉之膏以和[6]漆，其利倍[7]而人弗知也。」虞孚聞之喜，如其言，取漆葉煮爲膏，亦數百甕，與其漆俱載以入于吳。

時吳與越惡，越賈不[8]通，吳人方艱[9]漆。吳儈[10]聞有漆，喜而逆[11]諸郊，導以入吳國，勞而舍諸私館[12]。視其漆甚良也，約旦夕[13]以金幣來取漆。虞孚大喜，夜取漆葉之膏和其漆以俟[14]。及期，吳儈至，視漆之封識[15]新，疑之，

◎美言佳句不能忘

1. 得漆數百斛，將載而鬻諸吳。
2. 吾見賣漆者煮漆葉之膏以和漆，其利倍而人弗知也。
3. 吳儈聞有漆，喜而逆諸郊，導以入吳國，勞而舍諸私館。
4. 夜取漆葉之膏和其漆以俟。

謂虞孚請改約期二十日；至，則其漆皆敗[16]矣。虞孚不能歸，遂丐而死于吳。

重要注釋

1. 治生：謀生；謀求生計。治，音ㄔˊ。
2. 計然：春秋時越國人，姓辛，字文子。據說十分精於計算，故號「計然」。
3. 斛：音ㄏㄨˊ，古量器，容十斗。
4. 鬻：音ㄩˋ，賣，售。
5. 吳人「尙」飾：有崇尙、講究、喜好之意。
6. 和：音ㄏㄨㄛˋ，混合。
7. 倍利：雙倍利益、利潤。
8. 越「賈」：賈，音ㄍㄨˇ，商人。
9. 艱：匱乏。
10. 儈：音ㄎㄨㄞˋ，買賣的中間人、生意上的仲介者。

11. 逆：迎接。
12. 舍諸私館：招待住宿在私人的館舍。舍，音ㄕㄜˋ，替人安排住宿。
13. 旦夕：喻短暫的時間。
14. 俟：音ㄙˋ，等待。
15. 封識：封記。識，音ㄓˋ，記，標記。
16. 敗：壞掉。

白話語譯

虞孚向計然請教謀生之道，學得了種植漆樹的方法。三年後，漆樹長成，割樹皮取得數百斛漆，準備運到吳國去賣。他妻子的哥哥告訴他：「我常在吳國經商，知道吳國人講究裝飾，常常用漆來塗染家飾，漆在吳國是上等貨品。我看過賣漆的人把漆葉熬成膏羼入漆中，利潤就多出一倍，別人卻不知情。」虞孚聽了很高興，於是照他的話把漆葉熬成幾百甕膏，和漆一起運往吳國。

當時吳國與越國正好交惡，越國的商人無法到吳國來，吳國正缺漆。吳國的仲介商聽說有人運漆來，高興地到城外迎接他，帶他進入吳國，招待他住宿在私人的館舍。看他的漆品質精良，約好幾天之內拿錢來買漆。虞孚大爲欣喜，趁夜裡把漆葉熬成的膏加入原漆中等候。到了約定的日期，吳國仲介商前來，看到漆上的封記是新的，心中起疑，告訴虞孚將約期延後二十天；二十天後，虞孚的漆全壞掉了。虞孚無法回國，只好去當乞丐，終於死在吳國。

義理申論

劉基藉虞孚聽了別人的建議，爲了貪利而對純濃原漆動了手腳，以致因貪婪詐欺未蒙其利，卻先受其害，最後甚至流落異鄉乞食而亡。正面的意義在告誡我們：立身行事應以誠信爲本，才是成功得利的唯一途徑。

重要形音義辨正

1. 俟：①音ㄙˋ，等待。②音ㄑㄧˊ，姓氏。如「万俟」（音ㄇㄛˋ ㄑㄧˊ，複姓）。
2. 涘：音ㄙˋ，水邊。如「海涘天涯」。
3. 伺：①音ㄙˋ，偵察。如「窺伺」。②音ㄘˋ，服侍。如「伺候」。

四、狙公

楚有養狙（ㄐㄩ）以為生者，楚人謂之狙公[1]，旦日[2]必部分[3]眾狙于庭，使老狙率[4]以之山中，求草木之實[5]，賦什一以自奉[6]；或不給（ㄐㄧˇ）[7]，則加鞭箠（ㄔㄨㄟˊ）焉[8]。群狙皆畏苦之，弗敢違也。

一日，有小狙謂眾狙曰：「山之果，公所樹與[9]？」曰：「否也，天生也。」曰：「非公不得而取與？」曰：「否也，皆得而取也。」曰：「然則吾何假（ㄐㄧㄚˇ）[10]于彼而為之役[11]乎？」言未既[12]，眾狙皆寤[13]。其夕，相與伺（ㄙˋ）[14]狙公之寢，破柵毀柙（ㄒㄧㄚˊ）[15]，取其積，相攜而入于林中，不復歸。狙公卒餒（ㄋㄟˇ）[16]而死。

郁離子曰：「世有以術[17]使民而無道揆（ㄎㄨㄟˊ）[18]者，其[19]如狙公乎！惟其[20]昏而未覺也，一旦有開[21]之，其術窮矣。」

重要注釋

1. 狙公：養猴的人。狙，音ㄐㄩ，獼猴（獼猴，亦作「彌猴」，楚人又稱牠「沐猴」，成語「沐猴而冠」，即諷刺人模人樣虛有其表的人。獼猴俗稱

◎美言佳句不能忘

1. 旦日必部分眾狙于庭。
2. 使老狙率以之山中，求草木之實，賦什一以自奉。
3. 或不給，則加鞭箠焉。
4. 言未既，眾狙皆寤。
5. 其夕，相與伺狙公之寢，破柵毀柙，取其積，相攜而入于林中，不復歸。
6. 世有以術使民而無道揆者，其如狙公乎！
7. 惟其昏而未覺也，一旦有開之，其術窮矣。

「猢猻」。如俚語「樹倒猢猻散」，形容大難來臨時人心渙散，各自逃生）。

2.旦日：早晨。旦，天剛亮。

3.部分：分派、部署，動詞。

4.率：率領、帶領。

5.實：果實。

6.賦什一以自奉：謂狙公向眾猴子抽十分之一的稅（果實）來奉養自己，此指要猴子奉獻食物。賦，徵收。什一，十分之一。

7.不給：有所不足。給，音ㄐㄧˇ。

8.加鞭箠焉：用竹杖打。加，動詞，用……打。鞭箠，名詞，此指竹杖。箠，音ㄔㄨㄟˊ，竹杖。鞭，名詞轉爲動詞。

9.山之果公所樹與：山中的果樹，是狙公所種的嗎？樹，種植，動詞。與，通「歟」，語末助詞。

10.假：假借，仰賴、憑藉之意。

11.役：驅使、奴役。

12.言未既：話還沒說完。既，已、盡。

13. 寤：通「悟」，明白、醒悟、覺醒。
14. 伺：通「俟」，等候，音 ㄙˋ。
15. 柙：音 ㄒㄧㄚˊ，獸檻、獸籠；關野獸的柵欄。
16. 餒：飢餓。音 ㄋㄟˇ。
17. 術：此指權術、權謀詐術。
18. 道揆：道術、法度。揆，尺度、準則。
19. 其：指「以術使民而無道揆」的統治者。
20. 其：指被役使的順民。
21. 開：啓發、開導。

白話語譯

楚國有個人以飼養獼猴爲生，楚人都稱他爲「狙公」。狙公每天清早一定在庭院中給猴群分派任務，命令老猴帶領牠們到山裡去採摘草木的果實，回來後，狙公便向每隻猴子抽取十分之一的果實以養活自己。有時獼猴交出的果實不夠多，狙公就加以鞭打牠。猴群對狙公既畏懼、又怨恨，但也不敢違抗。

有一天，一隻小猴對猴群說：「山裡的果樹是狙公栽種的嗎？」猴群回答

◎**特別說明**

1. 所謂「術」指的是君王駕馭臣子的權謀手腕。「道」與「術」相對，也正是指儒家主「治道」與法家重「權術」之別。
2. 《孟子．離婁上》：「上無道揆也，下無法守也。」白話語譯：在上位的缺乏道德準則，在下的也就沒有法規制度。意味君主沒有足以度量天道的修爲，臣子也就缺乏奉行的法令制度。

說：「不是，是天生的。」小猴又問：「難道除了他，別人都不能夠採得嗎？」猴群說：「不是，大家都可以採。」小猴說：「那麼我們爲什麼必須仰賴他，而且被他奴役呢？」話還沒說完，猴子們全都覺悟了。當天晚上，猴群等候狙公睡覺後，就撞破檻欄，砸毀籠子，拿走狙公積存的果實，一起逃進山林裡，不再回狙公那裡去了。狙公最後終於餓死了。

郁離子說：「世上有人用權術來役使人民，卻欠缺治國的法度與準則，這種人就好像狙公啊！只是人民智識尚未覺醒，如果一旦有人去開導他們，那麼統治者的權謀詐術就行不通了。」

義理申論

〈狙公〉一文的寓言，乃藉眾猴子最後的覺悟而群起反抗、推翻狙公的故事，影射、揭露執政者對人民的剝削與壓迫，也以狙公的下場，對剝削者提出嚴重的警告。寓言裡的「狙公」象徵玩弄「愚民政策」的統治者，這些執政者平日不事生產，只靠奴役百姓維生，驅役百姓辛勞工作，以滿足其養尊處優的生活，從不知反省自己的惡行，有一天在人民覺醒，民智開化之後，必遭百姓推翻、唾棄。

此故事藍本出於《莊子．齊物論》，其中的狙公以「朝三暮四」的方式控制群猴，而劉基賦予這個原型文字更完整的情節。文中主要嘲諷當時元朝統治者在管理百姓方面的無能與昏庸，譏刺他們只知以暴力剝削鎮壓百姓；並透過聰明小猴登高一呼，揭示出只要民智開啓，愚昧無能的統治者政權自然動搖，以至滅亡。全文透過狙公的殘暴無能只知剝削，以及小猴子的聰敏穎悟和群猴的覺醒團結，完成了一篇意涵深刻的政治寓言。文末並以郁離子的身分做出肯定的結論，親自出來點醒民眾。

重要形音義辨正

1. 狙：音ㄐㄩ，①獮猴。②窺伺、伺機。例：狙擊。狙擊手：專門埋伏打擊敵人的神槍手。
2. 詛：音ㄗㄨˇ，①咒罵。例：詛咒。②盟誓。例：詛盟。
3. 俎：音ㄗㄨˇ，①古代祭祀時陳設牲肉的禮器。例：俎豆。②切肉的砧板。例：刀俎。「人爲刀俎，我爲魚肉」，即有任人宰割的意思。
4. 沮：音ㄐㄩˇ，①失意而頹喪。例：沮喪。②阻止、終止。例：蔽遮江淮，沮遏其勢。③敗壞、破壞。例：沮舍。④音ㄐㄩˋ，低濕之地。例：沮洳場。

5.咀：音ㄐㄩˇ，把食物嚼碎。例：咀嚼。

五、良桐

工之僑[1]得良桐[2]焉，斲[3]而爲琴，弦[4]而鼓[5]之，金聲而玉應[6]，自以爲天下之美也，獻之太常[7]。使國工[8]視之，曰：「弗古。」還之。

工之僑以歸，謀諸漆工，作斷紋[9]焉；又謀諸篆工[10]，作古窾[11]焉；匣[12]而埋諸土。期年[13]出之，抱以適市[14]。貴人[15]過而見之，易[16]之以百金。獻諸朝，樂官傳視，皆曰：「希世[17]之珍也！」

工之僑聞之，歎曰：「悲哉，世也！豈獨一琴哉？莫不然矣！而[18]不早圖之，其與亡矣。」遂去，入于宕冥之山[19]，不知其所終。

◎美言佳句不能忘

1. 斲而爲琴，弦而鼓之，金聲而玉應，自以爲天下之美也
2. 謀諸漆工，作斷紋焉；又謀諸篆工，作古窾焉；
3. 期年出之，抱以適市。
4. 貴人過而見之，易之以百金。
5. 希世之珍也！

重要注釋

1. 工之僑：名字叫作僑的工匠，乃作者虛構的人物。
2. 桐：桐木，製琴的上等材料。
3. 斲：音ㄓㄨㄛˊ，通「斫」，砍削，此指雕刻製作。
4. 弦：將琴上弦，動詞。
5. 鼓：彈奏。古人彈奏古琴稱「鼓琴」，此處名詞轉爲動詞。
6. 金聲而玉應：形容琴聲和諧優美，具有尊貴繁複的音質。金聲，指琴弦發出類似金屬撞擊之聲。玉應，指琴床引起之共鳴類似玉磬撞擊之聲。金，金屬製成的樂器，如鐘。玉，玉石製成的樂器，如：磬。應，響應。
7. 太常：官名，掌宗廟之禮樂。
8. 國工：掌管國家工匠事務的官吏；另一說乃指技術達到國手級的工匠或樂師。
9. 斷紋：斷裂的花紋，此指在琴上漆出斷裂的花紋；因爲古琴才有斷紋，而且年代愈古斷紋愈多。
10. 篆工：雕刻匠。篆，音：ㄓㄨㄢˋ，雕刻。
11. 古窾：古代器物上刻鑄的文字。窾，音ㄎㄨㄢˇ，通「款」，即款識（ㄓˋ）

◎**特別說明**

1. 古人的姓，有的以地名命之，如：西門慶、東方朔；有的以官職命之，或職業來作姓，劉基即以「工」之職業爲其姓。「之」爲語助詞，如：介之推、宮之奇
2. 金聲玉應，亦可稱「金聲玉振」。
3. 太常：漢九卿之一，古代執掌宗廟朝廷的祭祀禮儀官。
4. 「識」通「誌」，即「記」，記載。

也。

12. 匣：音ㄒㄧㄚˊ，盒子，此爲動詞，指裝在盒子中。

13. 期年：周年、滿一年。期，音ㄐㄧ。

14. 適市：到市集。適，往、到。

15. 貴人：指地位顯貴的官員。

16. 易：交換，此指購買、交易。

17. 希世：世上少見。希，通「稀」。

18. 而：此作「如」字解，如果、要是。

19. 宕冥之山：作者虛構的山名。宕冥，意味廣闊幽深或指高山上的雲氣，音ㄉㄤˋ ㄇㄧㄥˊ。

白話語譯

有一位名叫僑的工匠，得到一塊質地優良的桐木，將它砍削加工製成琴，配上琴弦然後彈奏它，琴聲悅耳動聽，有如金玉般互應，自認爲這是天下最好的琴了。於是就把它獻給太常。太常找了朝廷樂師來鑑定它，樂師說：「這不是古琴。」將它退回。

僑於是把琴拿回來，與漆工商量，在琴上漆出斷裂的紋路；又與刻工商量，在琴上刻了古老字體；再將它裝在盒子中埋進土裡。一年後，將它取出來，抱了琴到市場上去。有一個顯貴人士經過看到了，用一百兩銀子買走了它，將它獻給朝廷。樂官們傳遞著觀看，都說：「這是世上少有的珍寶啊！」

僑聽說了這件事，歎息道：「這樣的世道眞可悲啊！難道僅僅是一把琴這樣嗎？世上沒有事物不是這樣啊！如果不及早爲自己打算的話，終將要與這世道一起滅亡。」於是他離開了塵世，跑到宕冥山中，人們都不知道他下落如何。

義理申論

劉基在元末時曾服過官職，他剛直廉潔的個性使得他無法適應官場，《郁離子》書中大都諷刺官場忌賢妒能的現象，不但使得有才華的人無法施展抱負，而且還會隨時遭受各種迫害，其中官場百態有不少正是他的親身經驗，文末藉託郁離子曰，其實正是他個人的感言。

〈工之僑爲琴〉選自劉基討論人才的〈千里馬〉篇，寓意十分明顯。良桐所製成的琴，「金聲而玉應」，以優美本質示人，卻因「弗古」而遭冷落。在工之僑請人畫上「斷紋」，又刻上「古窾」，僞造成古琴後，竟然馬上由黑翻紅，身價百倍，被視爲稀世之珍。同樣的一把琴只要披上「古款」古樣，就因外表不同而呈兩極的評價，可以看出那些所謂的國工或宮廷樂官，乃至全國上下，只重外表形式不問眞僞、向聲背實的荒謬行徑與思維。

重要形音義辨正

1. 匣：音ㄒㄧㄚˊ，小箱子。如「話匣子」。裝東西的器物，大的稱「箱」，小的稱「匣」。
2. 柙：音ㄒㄧㄚˊ，獸欄。如「虎兕出柙」。
3. 狎：音ㄒㄧㄚˊ，態度輕慢、親近。如狎近、輕狎。召妓，謂之「狎妓」。
4. 岬：音ㄐㄧㄚˇ，尖凸於海中的狹長陸地。例：海岬。
5. 閘：音ㄓㄚˊ，水門。例：水閘、大閘蟹。
6. 舺：ㄐㄧㄚˇ，船。如「艋舺」。
7. 呷：ㄒㄧㄚ，吃、吸飲。如「咬薑呷醋」、呷湯。

◎**特別說明**
大閘蟹：秋天到了，大「閘」蟹來了，音：ㄓㄚˊ。

文化小知

「金聲而玉應」可換為「金聲玉振」。

語源出處

《孟子．萬章下》：「孔子之謂集大成。集大成也者，金聲而玉振之也；金聲也者，始條理也；玉振之也者，終條理也。」

白話語譯

孔子可以說是集聖人的大成。集大成的意思，就像演奏樂曲時用金鐘的聲音發端，用玉磬的聲音收尾一樣。鐘聲，是樂曲節奏的開始；磬聲，是樂曲節奏的收尾。

義理申論

金聲玉應即金聲玉振。本為讚美孔子之語，此處拿來讚美琴聲，極其貼切，一則印證琴聲之美；一則將琴比喻為人，表示人才之美。

六、道士救虎

蒼筤[1]之山，溪水合流於江。有道士築於其上以事佛，甚謹。一夕，山水大出，飄室廬塞溪而下。人騎木乘屋，號呼求救者聲相連也。道士具[2]大舟，蓑笠[3]，立水滸[4]，督善水者繩以俟[5]。人至，乃投木索[6]引之，所存活甚眾。

平旦[7]，有獸身沒波濤中而浮其首，左右盼，若求救者。道士曰：「是亦有生，必速救之。」舟者應言往，以木接上之，乃虎也。始則矇矇然[8]，坐而舐[9]其毛，比及岸，則瞠目[10]眡[11]道士，躍而攫[12]之，仆地[13]。舟人奔救，道士得不死，而重傷焉。

郁離子曰：「是亦道士之過也。知其非人而救之，非道士之過乎？」

重要注釋

1. 蒼筤：竹子初生時的顏色，此爲作者假託之地名。筤，音ㄌㄤˊ，幼竹。
2. 具：準備。

◎美言佳句不能忘

1. 一夕，山水大出，飄室廬塞溪而下。
2. 人騎木乘屋、號呼求救者聲相連也。
3. 道士具大舟，蓑笠。
4. 立水滸，督善水者繩以俟。
5. 是亦有生，必速救之。
6. 始則矇矇然，坐而舐其毛，比及岸，則瞠目眡道士，躍而攫之，仆地。

3. 躬蓑笠：親自穿著蓑衣，戴著斗笠。躬，親自。

4. 滸：音ㄏㄨˇ，水邊。

5. 繩以俟：「以繩俟」的倒裝。拿著繩子等待命人。俟，音ㄙˋ，等待。

6. 木索：木板和繩索。

7. 平旦：天剛亮，約凌晨三、四點鐘。

8. 矇矇然：眼睛無神的樣子。

9. 舐：音ㄕˋ，舔。

10. 瞠目：瞪著眼睛。瞠，音ㄔㄥ，眼睛直視。

11. 眡：音ㄕˋ，同「視」，注視。

12. 攫：音ㄐㄩㄝˊ，用爪捉取。

13. 仆地：跌倒在地。仆，音ㄆㄨ，向前跌倒。

白話語譯

在蒼筤山下，溪流會合流入此江中。有一個道士在山上建了一座廟來供奉佛祖，十分恭敬虔誠。有一天晚上，山洪爆發，飄流的房屋塞滿溪流滾滾而下。人們有的跨坐在浮木，有的在屋頂大聲呼救，聲音此起彼落。道士準備了大船，親

◎**特別說明**

1. 「瞠乎其後」，有望塵莫及之意。
2. 「前仆後繼」，即表示前面的人跌倒，而後面的人仍繼續跟上。

自穿上蓑衣，戴著斗笠，站在水邊，督導會游泳的人拿著繩索等待救人。一看到被水沖下的人來到，就拋擲木板、繩索拉他們上岸，救活了許多人。

天剛亮的時候，有隻野獸沈浮在波濤之中而頭浮在水面上，左右盼望，好像一副求救的樣子。道士說：「這也是條生命，一定要趕快救牠。」船上的人就應聲前往，用木頭把牠接上船，竟然是一隻老虎。

開始時牠眼睛無神，坐著舔自己的毛；等到上岸，便瞪大眼睛注視著道士，接著跳起來用爪子抓住道士，道士跌倒在地。船上的人趕緊跑過去搶救，道士才免於一死，但也受了重傷。

郁離子評說：「這是道士的過錯。明知是老虎，不是人，卻還是去救牠，這不就是道士的過錯嗎？」

義理申論

文中敘述有一築廟禮佛的道士，以慈悲爲懷，遇洪水氾濫，便親自投入督導救人工作，毫無畏懼當時險惡的情況，因此救了許多人；當老虎沈浮於大水中，道士也本著慈悲救生的情懷，著急地說：「是亦有生，必速救之。」充分表現民胞物與的大愛的精神，然他卻沒弄清楚救助的終究是隻凶殘獸性的老虎，救了老虎後，最後反而傷了自己。文末郁離子言：「知其非人而救之，非道士之過乎？」用反諷責問的口吻，表示道士遭遇此禍，乃是不辨是非的過錯。

此寓言，主要提示人們在幫助他人之前，要先了解眞實狀況，再付諸行動；助人之際，應先分辨對方是否值得幫助，不然很容易被憐憫之心遮蔽了理性，而爲自己招來禍患。也就應了孔子所說的：「君子欺之以方」；也就是說，君子常常被人以表面正當的理由所欺騙。換句台語俗話，那就是：「好心被雷親（吻）！」

文化小知

古人依太陽在天空中運行的不同位置，給予十二個特定的名稱。

古今計時法對照表：

	周朝	漢朝	現代
晝	日出	卯	初五時
			正六時
	食時	辰	初七時
			正八時

	晝					夜				
周朝	隅中	日中	日昃	哺食	日入	黃昏	人定	夜半	雞鳴	平旦
漢朝	巳	午	未	申	酉	戌	亥	子	丑	寅
現代	初九時 正十時	初十一時 正十二時	初十三時 正十四時	初十五時 正十六時	初十七時 正十八時	初十九時 正二十時	初二十一時 正二十二時	初二十三時 正二十四時	初一時（凌晨） 正二時	初三時 正四時

七、象虎伏獸

楚人有患狐[1]者，多方以捕之，弗獲。或[2]教之曰：「虎，山獸之雄也。天下之獸見之，咸讋[3]而亡其神，伏而俟命[4]。」乃使作象虎[5]。取虎皮蒙之，出於牖[6]下。狐入遇焉，啼而踣[7]。

他日豕[8]暴[9]於其田，乃使伏象虎，而使其子以戈掎[10]諸衢[11]。田者呼，豕逸[12]於莽，遇象虎而返奔衢，獲焉。楚人大喜，以象虎爲可以皆服天下之獸矣。於是野有獸如馬，被[13]象虎以趨之。人或止之曰：「是駮[14]也，眞虎且不能當[15]，往且[16]敗。」弗聽。馬雷呴[17]而前，攫而噬[18]之，顱礫[19]而死。

重要注釋

1. 患狐：受狐狸的禍害。
2. 或：有人。
3. 讋：音ㄓㄜˊ，懼怕。咸，音ㄒㄧㄢˊ，都、皆。
4. 俟：等待。音ㄙˋ。

◎美言佳句不能忘

1. 虎，山獸之雄也。
2. 天下之獸見之，咸讋而亡其神，伏而俟命。
3. 乃使作象虎。取虎皮蒙之，出於牖下。
4. 乃使伏象虎，而使其子以戈掎諸衢。
5. 田者呼，豕逸於莽，遇象虎而返奔衢，獲焉。
6. 是駮也，眞虎且不能當，往且敗。
7. 馬雷呴而前，攫而噬之，顱礫而死。

5.象虎：引伸爲老虎的模型。象，通「像」，也就是畫出老虎的模樣、畫像。
6.牖：窗戶。音ㄧㄡˇ。
7.踣：音ㄅㄛˊ，跌倒。
8.豕：音ㄕˇ，豬，這裡指野豬。
9.暴：侵害，糟蹋。
10.掎：音ㄐㄧˇ，牽制。
11.衢：音ㄑㄩˊ，大路。
12.逸：奔跑。
13.被：同「披」。音ㄆㄧ。
14.駮：音ㄅㄛˊ，傳說中一種能吃虎豹的野獸，形狀像馬。《爾雅．釋畜》：「駮，如馬，食虎豹。」
15.不能「當」：通「擋」，抵擋、對抗。
16.且：將要。
17.呴：音ㄏㄡˇ，同「吼」。

18. 噬：音ㄕˋ，咬。
19. 磔：音ㄓㄜˊ，分裂肢體。

白話語譯

楚國有個人深受狐狸的禍害，用盡各種辦法捕捉狐狸，卻始終沒能捉到。有人教他：「老虎是山中野獸之王，天下所有的野獸見到老虎，都會懼怕到亡失魂魄，趴在地上等死。」於是他製作了一個老虎模型，用虎皮蒙在上面，放在窗戶底下。狐狸進來時，遇見老虎模型，嚇得大叫而跌倒。

有一天，野豬在糟蹋他的田地，於是他又把老虎模型拿出來埋伏，並叫他的兒子拿著武器在大路上牽制。田裡的人們跟著大聲喊叫，野豬便跑進草叢裡，遇到老虎模型，嚇得返身奔跑到大路上，便被人捕獲了。楚人非常高興，認爲老虎模型可以征服天下所有野獸。有一天，野地出現了像馬一樣大的野獸，他就背著老虎模型急急奔向牠。有人勸阻他說：「這是駮，連眞老虎尚且不能抵擋，你前去將會遭殃。」他不聽勸阻。結果這隻像馬的「駮」，如雷般吼叫著衝上前，抓住他就咬，最後楚人頭顱破裂而死亡。

義理申論

◎**特別說明**
古代「磔」刑，即是五馬分屍的酷刑。

故事中的楚人以爲天下所有事情用同樣方法都可以解決，特別是在食髓知味後，更深信老虎模型的無所不能。但是老虎模型不管有多眞實，終究是一個空殼子、假模型，只能欺矇一時，無法欺騙一世，尤其當碰到眞正強硬對手時，最終還是會被拆穿。但是楚人卻固執己見，且知識淺薄，既不明白「駮」是老虎的剋星，又不聽旁人的勸告，堅持用舊方法去對付駮，簡直是自找死路。

其實劉基寫這篇寓言，主要源自《戰國策》，魯仲連「象虎伏獸」的故事。戰國時期，齊湣王在攻取燕、宋、趙、魏等國後，仍想擴張領土稱霸天下，平原君便詢問魯仲連：「齊王心願是否能實現？」魯仲連便以「象虎伏獸」故事應答，最終齊王亦如象虎般爲人所殺。劉基據此便引以寓理，說明世上沒有解決任何問題的萬靈丹，不同的問題都分別有迥異的解決方法應對，如果不知變通，一意沿襲舊法，終將落得敗亡的結局。

八、你不可不知的傳奇人物劉伯溫

劉基，字伯溫，處州青田（今浙江省青田縣）人。生於元武宗至大四年（西元一三一一年），卒於明太祖洪武八年（西元一三七五年），年六十五。

劉基自幼穎慧，長而博通經史，知曉天文、兵法。元順帝元統元年（西元一三三三年）中進士。屢任地方官職，有政聲。但以個性耿介，處事正直，故常遭排擠，志不得伸。終因與當政者不合，棄官回鄉隱居，著《郁離子》以明志。元末朱元璋起兵，禮聘至金陵，爲陳時務十八策，並佐贊軍務，定天下。不僅是明朝開國大臣，也是一位歷史上著名的「奇人」。他與宋濂、李善長共同訂定明初開國制度。累官至御史中丞，封誠意伯。後爲胡惟庸所害，憂憤而死。武宗正德八年（西元一五一三年），追謚文成，自號「郁離子」。

劉基詩風憂鬱，多反映現實。文則奇特宏偉，與宋濂並稱一代文宗，詩則與高啓齊名。後人輯有《誠意伯文集》行世，尤其以寓言《郁離子》最受人推崇、傳誦，此書多爲寓言、諷刺性作品，不僅揭露官員的腐敗、貪婪，也表達他對政治、倫理、哲學、道德的觀念。

人物補充

1. **胡惟庸**：《明史．奸臣傳》記載：明定遠人。洪武三年拜中書省參知政事，六年，遷左丞相。初，御史中丞劉基嘗言其短，後基病，太祖遣惟庸視劉基病情，胡為庸遂挾醫加以毒害。基死，胡更是恃勢專權，後因樹黨謀亂，於洪武十三年被誅。死後數年間，以胡惟庸案遭株連而死者達三百餘人。

2. **宋濂**：字景濂，號潛溪，明初文學家。元末召為翰林編修，以親老不受，入龍門山隱居，凡十餘年。後應明太祖徵聘任職後負責纂修《元史》。可視其為明代開國文臣之首，宋濂散文，從容簡潔，富於變化，為世所宗，劉基稱他：「當今文章第一」。

3. **李善長**：字百室，今安徽定遠人。少時善讀書，尤以法家之學見長。佐朱元璋起義，以行仁義進諫朱元璋，位左丞相，封韓國公。洪武二十三年，受胡惟庸案牽遊而被族誅，其妻女弟侄凡七十餘人連坐處死。

4. **高啟**：字季迪，元末隱居吳淞江畔之青丘，自號青丘子。性格疏放，不拘禮法。博學，工詩。洪武二年，應詔任翰林院國史編修，洪武三年，授戶部右侍郎，辭不仕，歸鄉里，教書度日。高啓所作〈上梁文〉中，有「龍蟠虎踞」四字，激怒了明太祖，被腰斬於市，年僅三十九。其詩題材遍及離亂悲涼、農村生活、個人生活情趣，可謂眾體兼備，風格豪邁，堪稱明代詩家成就最大的。

鄉野傳說・人物追蹤

1.劉基是個頗富傳奇性的人物：

他不僅是明朝開國時期的重要大臣，也精通天文、地理、卜卦、算命，民間甚至流傳他可以呼風喚雨，召來神仙；有關於他神機妙算的傳說，在民間尤其繁多。

就是在將近七百年後的今天，不論是電影或電視連續劇或歌仔戲，還是喜歡以他做爲第一主角，最愛拿他的生平事蹟當傳奇故事來演出，甚至幾近「神化」的來描繪這位一生經國匡世濟民的政治家，在文學史上他更是一位偉大的「寓言」撰寫專家。

2.掐指算算大明能有多少年：

傳說有一天，明太祖朱元璋問劉伯溫：「姜子牙能算出周朝維持八百年，你認爲大明朝又能傳多少年呢？」

這實在是個很難回答的問題，說得不好，極可能就有殺身之禍。劉伯溫卻從容地答道：「大明的傳承，八百年嫌少，三百年嫌多。」朱元璋追問道：「此話怎講？」劉伯溫解釋說：「任何朝代的長短，都決定在民心。皇上只要以民爲本，訂出法度，讓世代都能遵循，那麼大明朝將傳之萬代，所以說『八百年嫌少』。」接著劉伯溫笑而不語，並沒有進一步說明爲何「三百年嫌多」。

但朱元璋終究也是聰明人，想必也已知道其中的意思。果然明朝傳了兩百七十七年就亡了，跟劉伯溫的推算，僅僅只相差了二十三年。

3. 君臣愛好下棋也喜對聯：

據說明太祖朱元璋在閒暇時，最愛和劉伯溫下棋。有一天，君臣下著棋，太祖心血來潮出對道：「天作棋盤星作子，日月增光。」劉伯溫對曰：「雷爲戰鼓電爲旗，風雲際會。」對仗工整，氣勢也大。

4. 《明史》載：

（劉基）暇則爲明太祖敷陳王道，太祖（朱元璋）常稱他：「老先生」而不直呼名，曰：「吾子房也。」

人文典故．稗官野史

1. 自幼好學，過目不忘：

◎**特別說明**

張良字子房，是漢高祖劉邦最重要的參謀文膽；《史記》記載張良：「運籌帷幄中，而決勝千里之外。」

據史書記載，劉基自幼聰慧過人。由父親劉爚啓蒙識字，讀書速度極快，可以「七行俱下」。十四歲正式受學校教育。二十三歲至京城大都參加會試，高中明經進士。

民間傳說劉伯溫爲了考試而暫住京師，在考完試發榜前，他常去書市閒逛。有一天在一家書市中看到一部天文書，他感到十分興趣，便取出逐行閱讀。第二天再去時，書店主人以爲他是爲了昨日的書而來，便問他是否要再看一次。劉伯溫卻笑著對他說，書中內容早已一字不忘。主人不信，劉伯溫立刻朗聲背誦了一遍，不但沒有錯誤，並且流暢如水。主人非常吃驚，因爲他從未見過這樣聰敏強記的人。當下立即表示願意把這部天文書送給劉伯溫，卻被劉伯溫婉謝了說：「書的內容都已經記在心中了，又何必另外擁有一本徒具形式的文字呢？」

2. 與朱元璋初見面：

劉伯溫第一次見到朱元璋時，朱元璋問他說：「你會作詩嗎？」劉伯溫說：「這是讀書人最起碼的本領，怎麼不會呢？」當時朱元璋正在吃飯，便指自己用的「斑竹筷子」要劉基作詩。

劉伯溫立即吟道：「一對湘江玉並看，二妃曾灑淚痕斑。」朱元璋聽了皺著眉頭說：「秀才氣味太重，格局不夠大。」劉伯溫接著回道：「且聽第三、四句：漢朝四百年天下，盡在張良一借問。」朱元璋聽完很高興，竟有相見恨晚的感覺。

3.明太祖以「先生」尊稱他：

朱元璋對劉基格外禮遇，當時獲他應聘來的人，都住在特別興建的「禮賢館」，只有劉基被留在朱元璋的指揮所，時常參與軍事機要謀議。朱元璋在人前人後都稱他爲「先生」，以表示對他的尊敬。

文化小知

劉基和《郁離子》

《郁離子》是劉基元末棄官隱居青田所作。全書計二卷，凡十八篇。文章大都精簡短小，其中有許多寓言故事。劉基寫作本書是有所寄語、陳述個人哲理而爲的。

書名爲何叫《郁離子》呢？

劉基精通《易經》八卦，「離」是《周易》六十四卦之一，離卦，䷝，卦象

◎特別說明

a.首二句劉基用《博物志》典故：「堯之二女、舜之二妃，曰湘夫人，舜崩，二妃啼以涕揮竹盡斑。」

b.湘竹，又稱斑竹、淚竹、湘妃竹，相傳湘妃淚灑竹上，所以有斑紋，可做簫管，產於湖南、廣西一帶。

c.末二句運用了張良「借箸代籌」的典故，留侯張良曾在劉邦吃飯時，借筷子比畫，謀畫策略。

爲火，爲日，所以有光明的意思，又代表文明的象徵。「郁」則取自《論語》「郁郁乎文哉」，也就是文章光彩的樣子。

「郁離」二字合起來指的就是盛世文明之治。可見劉基寫作本書的旨意，是希望天下後世能採用書中的思想，實現他救國愛民的政治理想。

《郁離子》內容豐富，取材廣泛，上起歷史人物，下至庶民百姓，涉及神仙鬼怪、鳥獸草木，可說是無所不包，充分顯示其學問之深遠縱橫、想像之奇麗。文辭方面尤其富麗典奧，多所摹古，卻又頗能創新，實爲文學史上難得的寓言精品。

九、賣柑者言

杭[1]有賣果者，善藏柑[2]；涉寒暑[3]不潰[4]。出之燁然[5]，玉質而金色。置於市，賈[6]十倍，人爭鬻之[7]。予貿[8]得其一，剖之，如有煙撲口鼻，視其中，乾若敗絮[9]。予怪而問之曰：「若[10]所市[11]於人者，將以實籩豆[12]，奉祭祀，供賓客乎？將衒[13]外以惑愚瞽[14]也？甚矣哉爲欺也！」

賣者笑曰：「吾業是有年矣，吾賴是以食[15]吾軀。吾售之，人取之，未嘗有言，而獨不足於子乎[16]？世之爲欺者不寡矣，而獨我也乎？吾子未之思也[17]。今夫佩虎符、坐皋比者[18]，洸洸乎[19]干城之具[20]也，果能授孫、吳[21]之略耶？峨大冠、拖長紳[22]者，昂昂乎[23]廟堂之器[24]也，果能建伊、皋之業[25]耶？盜起而不知禦，民困而不知救，吏姦而不知禁，法斁[26]而不知理[27]，坐糜廩粟[28]而不知恥。觀其坐高堂，騎大馬，醉醇醲[29]而飫[30]肥鮮[31]者，孰不巍巍乎[32]可畏，赫赫乎[33]可象[34]也？又何往而不金玉其外、敗絮其中也哉！今子是[35]之不察，而以察吾柑！」

予默默無以應，退而思其言，類東方生[36]滑稽之流[37]。豈其憤世疾邪[38]者耶？而託於柑以諷耶？

重要注釋

1. 杭：指杭州。在今浙江省，其地盛產柑橘。
2. 善藏柑：指善於儲存柑。柑，音ㄍㄢ，植物名，樹似橘，果實似橘而扁圓，

◎美言佳句不能忘

1. 善藏柑；涉寒暑不潰。
2. 出之燁然，玉質而金色。
3. 賈十倍，人爭鬻之。
4. 剖之，如有煙撲口鼻，視其中，乾若敗絮。
5. 今夫佩虎符、坐皋比者，洸洸乎干城之具也，果能授孫、吳之略耶？
6. 峨大冠、拖長紳者，昂昂乎廟堂之器也，果能建伊、皋之業耶？
7. 盜起而不知禦，民困而不知救，吏姦而不知禁，法斁而不知理。
8. 坐糜廩粟而不知恥。
9. 觀其坐高堂，騎大馬，醉醇醲而飫肥鮮者，孰不巍巍乎可畏，赫赫乎可象也？
10. 又何往而不金玉其外、敗絮其中也哉！

霜後始熟，果皮橙黃，果肉甘美。如儲藏時間過久，往往或腐或乾，不能食用。

3.「涉」寒暑：本義徒步渡水，這裡當「經過」。嚴冬酷暑，取「寒暑」二字，借代爲「年」。

4.不「潰」：音ㄎㄨㄟˋ。腐爛。

5.燁然：光彩潤澤的樣子。燁，音ㄧㄝˋ。

6.賈：音ㄐㄧㄚˋ，通「價」，即價錢。

7.人爭鬻之：鬻，音ㄩˋ，購買。指大家搶著買柑。

8.貿：買。

9.敗絮：破舊的棉絮。

10.若：你。

11.市：賣。

12.籩豆：古代的禮器，用來盛裝果實、肉乾。竹製的稱「籩」；木或陶、銅製的稱「豆」。

13.衒：音ㄒㄩㄢˋ，通「炫」，誇耀、炫耀。

14.愚瞽：傻子和瞎子。瞽，音ㄍㄨˇ，目不見，瞎子。

15.食：音ㄙˋ，養活。

16.獨不足於子乎：惟獨不能讓你滿意嗎？足，滿意。

17.吾子「未之思」也：即「未思之」的倒裝。

18.佩虎符坐皋比者：佩帶虎形的兵符、坐在虎皮座椅上的人。此指武將外在的具體打扮形象。虎符：古代君王授予臣子掌兵權的信物。皋比，音ㄍㄠ ㄆㄧˊ。虎皮。

19.洸洸乎：威武的樣子。洸，音ㄍㄨㄤ，本義：水上湧而發亮。

20.干城之具：捍衛國家的人才。干，盾。城，城牆。干、城，皆是防衛工具，作「捍衛」解。

21.孫吳：指春秋時代的孫武和戰國時代的吳起，二人皆爲著名的兵法家。此借代爲軍事家。

22.峨大冠拖長紳者：戴著高帽、垂著大帶的人。此指文官的具體形象。峨，高聳的樣子，此用爲動詞。紳：束在腰間，一端垂下的大帶。

23.昂昂乎：意氣高揚貌。

◎**特別說明**

孫武，春秋齊人，爲吳名將，著有《孫子兵法》一書。吳起，戰國衛人，爲魏名將，著有《吳子》兵書。

24. 廟堂之器：指朝廷中的居官賢才。廟堂，宗廟與朝堂，借代：朝廷。

25. 建伊皋之業：伊尹和皋陶。伊尹爲商湯時的賢相，皋陶爲堯、舜時的賢臣。此借代爲政治賢才。皋陶，音ㄍㄠ ㄧㄠˊ，建立像伊尹、皋陶般的功業。

26. 法斁：法律敗壞。斁，音ㄉㄨˋ，敗壞。

27. 理：整飭、整頓。

28. 坐靡廩粟：平白消耗坐吃公糧。坐，此指不事生產。靡，音ㄇㄧˇ，消耗、浪費。廩粟，公糧。廩，音ㄌㄧㄣˇ，國家的米倉。

29. 醉「醇醲」而飫肥鮮：音ㄔㄨㄣˊ ㄋㄨㄥˊ，純厚的酒。醇、醲，皆爲厚酒、濃酒。

30. 飫：音ㄩˋ，飽食。

31. 肥鮮：肥美的食物。

32. 巍巍乎：高大的樣子，此處有「崇高」之意。

33. 赫赫乎：顯貴的樣子。赫，音ㄏㄜˋ。

34. 象：取法、效法，此處有「嚮往」之意。

35. 是：此。指當今徒具外表而無實質之能的文武官員。

36. 東方生：即東方朔，字曼倩。西漢武帝時大臣，也是位文學家，善以詼諧話語來寄寓諷諫，武帝常受其感悟。生，先生。

37. 滑稽之流：詼諧有趣能言善辯之人。《史記》有〈滑稽列傳〉。滑，音ㄍㄨˇ。流：類；輩。

38. 憤世疾邪：痛恨當世的腐敗政治和邪惡的事情。憤、疾，痛恨。

白話語譯

杭州有一個賣水果的人，善於儲藏柑橘，經過寒暑（一年）也不會腐爛，拿出來仍然鮮艷有光澤，質地有如美玉一般，皮的色澤像黃金。擺在市場上賣，價錢比別人的要貴上十倍，人們搶著買。我也買到一個，剝開來，好像有煙氣嗆人口鼻，再看柑的內部，乾枯得像破棉絮一樣。我感到奇怪，便責問他說：「你賣給客人的柑，是要裝在籩豆禮器裡，以供奉祭祀、招待賓客的呢？還是要用來誇耀它的外表，去欺騙傻瓜或瞎子呢？這樣騙人的手段，實在太過分了！」

賣柑的人笑著回答說：「我做這個生意好幾年了，我依靠它來養活我自己。我賣柑，人們買，從不曾聽到有人有怨言，卻偏偏不能滿足您？世上玩弄騙人手法的不少，難道只我一個人嗎？您是沒有深思罷了！當今佩帶虎符、坐在虎皮座椅上的武官，威武得像是個捍衛國家的良才，他們果眞能策畫出孫武、吳起般的謀略嗎？那些戴著高帽子、拖著長長衣帶的大官，氣宇軒昂得像是個朝廷的賢才，他們果眞能建立起伊尹、皋陶般的功業嗎？盜賊四起而不知道如何防止，民生困頓而不知如何拯救，官吏奸惡而不知道如何制裁，法令敗壞而不知道如何整頓，平白消耗公糧卻不知羞恥。看他們坐在高堂上，騎著肥馬，痛飲美酒而飽食佳餚美味，誰不是看來崇高得令人敬畏，顯赫得令人羨慕、嚮往？又何嘗不是外表精美有如金玉，內在卻敗壞有如破棉絮呢？現在您不去追究這種情形，卻來挑剔我的柑橘。」

我沈默無話回答。回來後，細想他所說的話，頗像東方朔那一類說話幽默又能言善辯的人。難道他就是憎恨世事的邪惡而不平的人嗎？因此假借著柑來諷刺世俗吧？

義理申論

劉基藉賣柑者之言，辛辣地針砭時弊，諷刺元朝末年文臣武將的庸碌無能，赤裸裸地揭露了這些官吏顢頇腐敗、虛僞狡詐的行爲，而「金玉其外，敗絮其中」才是他們的本質。

全文形象塑造鮮明，嘲諷意味濃厚。運用巧妙排比的技巧，「外形與內質」

的反差，「小欺」與「大騙」的類比，使主題十分突出。

劉基以華麗的文筆，清晰的條理，寫滿朝官吏的尸位素餐，欺世盜名。敘述武將徒具威武之姿，實則庸碌無能；描繪文臣狀若氣宇軒昂，卻是無力治國。

經典佳言．名人錄

「金玉其外，敗絮其中」：外表美好有如金玉一般，卻是內在破敗如舊棉絮；充滿貶義，指其光有好看的外表，事實卻是「草包」一個。

欣賞修辭之美

在語文中，把兩種不同，特別是相反的觀念或事實，對列起來，兩相比較，從而使語氣增強，使意義明顯的修辭方法，叫作「映襯」，映襯又分對襯與反襯。

A.對襯：對兩種不同的人、事、物，用兩種不同或相同的觀點加以形容描寫的有正反映襯之感，叫作「對襯」。

B.反襯：對於一種事物，用恰恰與這種事物的現象或本質相反的觀點，看似矛盾，其實強調統一；加以描寫，叫作「反襯」。

對襯：含有對比、對照之感

例句列舉：

1. 金玉其外，敗絮其中。

金玉與敗絮相對比，其「外」對照其「中」。

2. 「去來江口守空船，遶船月明江水寒。」白居易〈琵琶行并序〉

「守空船」對照「江水寒」。

3. 「信義行於君子；而刑戮施於小人。」（歐陽修〈縱囚論〉）

信義、君子對襯刑戮、小人。

4. 「桃李春風一杯酒，江湖夜雨十年燈。」（黃庭堅〈寄黃幾復〉）

上句寫歡聚，下句寫落寞。

5. 「個性強的就攻擊對方，個性弱的便掉轉矛頭攻擊自己。」（黃永武〈一夕「情」話〉）

「個性強」、「攻擊對方」對襯「個性弱」、「攻擊自己」。

6. 「古之聖人，其出人也遠矣，猶且從師而問焉；今之眾人，其下聖人也亦遠矣，而恥學於師。」（韓愈〈師說〉）

「古之聖人」、「從師而問焉」，對比「今之眾人」、「恥學於師」。

7.「親賢臣，遠小人，此先漢所以興隆也；親小人，遠賢臣，此後漢所以傾頹也。」（諸葛亮〈出師表〉）

「先漢」與「後漢」的不同做法和後果彼此對立映照。

反襯：含有對頂、矛盾之感

例句列舉：

1.「必須在磨難中也能歡躍，在安定中也不忘危苦。」（〈蔣經國寫給青年們的一封信〉）

磨難、歡躍相對頂，安定、危苦相矛盾。

2.「尺寸千里，攢蹙累積，莫得遯隱。」（柳宗元〈始得西山宴遊記〉）

縮千里之景於尺寸之間，「尺寸」與「千里」是兩極端，卻同時用來形容山下的景物。

3.「逝者如斯，而未嘗往也；盈虛者如彼，而卒莫消長也。」（蘇軾〈赤壁賦〉）

同時用「逝」和「未嘗往」兩種矛盾的概念來描繪水；同時用「盈虛」和「卒莫消長」兩種含有對頂的概念來描繪月亮；用「一瞬」和「無盡」兩

種矛盾的概念來描繪天地萬物。

4.「明足以察秋毫之末，而不見輿薪。」（《孟子・梁惠王》）「察秋毫之末」對頂「不見輿薪」。

人文常識・小測試

就以下六個與「人」有關的成語，從參考選項中選出正確的字，填入（）中。

參考選項：才、器、輩、流、具、徒

1. 將相之（　）
2. 廟堂之（　）
3. 人才（　）出
4. 干城之（　）
5. 滑稽之（　）
6. 欺名盜世之（　）

答案：

1. 才
2. 器
3. 輩
4. 具
5. 流
6. 徒

十、竊糟

昔者，魯人不能爲酒。惟中山之人善釀（ㄋㄧㄤˋ）千日之酒。魯人求其方。弗得。有仕於中山者，主[1]酒家，取其糟[2]，歸以魯酒漬[3]（ㄗˋ）之，謂人曰：「中山之酒也。」魯人飲之，皆以爲中山之酒也。

一日，酒家之主者來，聞有酒，索而飲之，吐而笑曰：「是予之糟液也。」

重要注釋

1. 主：掌管。
2. 糟：酒渣、酒糟。
3. 漬：音ㄗˋ，浸泡。

白話語譯

從前，魯國人不會造美酒。只有中山國的人善於製造能讓人連醉千日的美酒。魯國向他們討造酒的方子，要不到。有個在中山國爲官的魯國人，掌管造酒

◎美言佳句不能忘

1. 有仕於中山者，主酒家，取其糟，歸以魯酒漬之。
2. 索而飲之，吐而笑曰：「是予之糟液也。」

酒坊，就拿了一些酒糟來，回到魯國後，用魯國的酒浸泡，對人說：「這是中山的酒。」魯國人喝了，眞以爲是中山國的好酒。

有一天，中山國酒店的老闆來到魯國，聽說有好酒，也想品嘗一下，結果喝了一口連忙吐出來，笑著說：「這是用我們的酒糟泡出來的汁液啊！」

義理申論

劉基敘述有位魯國人利用職位偷得中山國的酒糟而改良了自己的酒，卻謊稱是中山國的酒，硬要說是拿到了眞傳，這種以假當眞，矇騙無知人，以謀求私利的手段，就是欺名盜世之徒。

劉基藉此寓言來諷刺那些不學無術者的無知與愚昧。

延伸閱讀

「燕子」飛過了城牆

劉基曾奉命修築應天城府。據說宮殿完成後，朱元璋十分滿意，望著宏偉高大的宮牆對劉基說：「這麼高的牆，有誰能攀越？」劉基回答說：「的確沒有人可以攀越，除非是燕子吧。」多年之後，「靖難之變」發生，燕王朱棣帶兵攻入京城，逼得他的姪兒、在位的惠帝出宮逃亡。民間於是附會流傳說，這件事劉基多年前早有預言，因爲他所說的飛越宮牆的燕子，指的就是燕王朱棣（明成祖）啊。

劉基的〈燒餅歌〉

野史記載明太祖朱元璋有天早上身居內殿吃燒餅，才剛剛咬下一口，宮內太監來報，說劉基求見。於是太祖就用碗蓋住盤中的燒餅，召他覲見。劉基頂禮完畢，太祖賜座。這時朱元璋就問：「先生深明數理，可知碗中是何物？」據說劉基當場掐指一算，回答說：「半似日兮半似月，曾被金龍咬一缺，依臣之見這碗中乃燒餅是也。」太祖聽了心頭爲之一驚，接著又問：「以後大明江山世世代代會有什麼重大不利於我朝之事？」劉基原本推託不願回答，但禁不住太祖的一再要求，乃做了一番預言，也就是後世流傳的〈燒餅歌〉。

神奇的〈燒餅歌〉與〈推背圖〉

劉伯溫可以說是民間家喻戶曉的第一傳奇人物，這多少跟大家相信他是〈燒餅歌〉的作者有關。劉伯溫的〈燒餅歌〉和唐代李淳風、袁天綱合著的〈推背圖〉，都是在我國民間流傳甚廣，預言歷代興亡變亂的歌謠和圖讖。其實，文中的歌與圖的意義多半模稜兩可，隱晦難明，在玄與半玄之間、可解與不可解之間，最是引人好奇與著迷。

究竟這些「預言」是否一一應驗實現呢？實現成眞的結果又占多少成功的比例，有沒有人眞正演算過？

這樣說來，近代西方流傳的「達文西密碼」不也就類似東方的〈燒餅歌〉、〈推背圖〉嗎？

文化小知

《周易》

1. 十三經之一。
2. 《漢書．藝文志》以爲伏羲畫八卦，周文王重爲六十四卦，孔子爲經作傳，稱爲《易傳》或《十翼》。孔子曾自稱「五十而學《易》」。
3. 最初只是一部卜筮之書，經孔子的補充，乃成精妙哲理之書。

◎**特別說明**

孔子說自己到了五十歲才學易經，可見易經本身之深奧玄奇。

4.《易》，古人或稱《周易》，明代以後，才通稱《易經》。「易」含有簡易、變易、不易三種意義。

5.八卦：乾☰、坤☷、艮☶、坎☵、巽☴、震☳、離☲、兌☱；其卦象分別爲：天、地、山、水、風、雷、火、澤。

《郁離子》的「離」

《易》：「離，利貞，亨。畜牝牛吉。」（離卦象徵附麗，守持貞正將有利，而得亨通。像畜養母牛一樣，培養柔順的德性，即可獲吉祥）。

郁離子曰：

「郁離子曰」，乃是劉知幾《史通》所謂「論贊體」，實則爲作者現身說法道出個人寄寓的眞正思想看法。

例句列舉：

1.《左傳》——君子曰（左丘明）

2.《史記》——太史公曰（司馬遷）

3.《漢書》——贊曰（班固）

4.《三國志》——評曰（陳壽）

5.《郁離子》——郁離子曰（劉基）

6.《項脊軒志》——項脊生曰（歸有光）

7.《聊齋志異》——異史氏曰（蒲松齡）

語文實力大ＰＫ

◎為多重選題

1. 閱讀下列短文，並自參考選項中選出正確答案填入空格內。

參考選項：（Ａ）杜甫（Ｂ）《戰國策》（Ｃ）柳宗元（Ｄ）王維（Ｅ）《誠意伯文集》（Ｆ）《郁離子》（Ｇ）〈捕蛇者說〉（Ｈ）〈始得西山宴遊記〉（Ｉ）〈三戒〉

所謂的寓言故事往往蘊育著深遠的文學智慧與傳統。先秦諸子的作品中就有許多以寓言的方式來表達，《莊子》一書十之八九則為散文式寓言故事。唐宋時期，散文式的寓言寫作與政治社會關係尤其密切，也加強了其中的針砭、諷刺性。（　）的一系列寓言作品，即從日常生活取材，諷喻執政者的貪腐、針砭時政的無能，更賦予了寓言新生命，其中（　）一文藉寓言點出「苛政猛於虎」的旨意，以譏刺唐朝苛政之擾民。明劉基亦承繼此精神，藉寓言以寄託其對時政的批評及理想，（　）一書即為劉基寓言文學的代表作品。

參考答案：（ＣＧＦ）

2.下列各選項中，「　」內字音三者全同的是：

(A)神「僊」眷侶／緣「慳」一面／「緘」默以對

(B)視如「瑰」寶／「畦」畎相望／「跬」步不休

(C)打通經「絡」／暗行賄「賂」／「犖」犖大者

(D)雨「霽」天青／黍「稷」稻粱／按圖索「驥」　〈94年大學指考〉

參考答案：(D)

解答說明：測驗字音的辨識能力。(A)ㄒㄧㄢ／ㄑㄧㄢ／ㄐㄧㄢ(B)ㄍㄨㄟ／ㄑㄧˊ／ㄎㄨㄟˇ(C)ㄌㄨㄛˋ／ㄌㄨˋ／ㄌㄨㄛˋ(D)ㄐㄧˋ／ㄐㄧˋ／ㄐㄧˋ

◎3.「題辭」是一種精簡的應用文，用精鍊的文句，題寫在匾額、條幅、書冊、錦旗等物品之上，用以表達慶賀、頌揚、勉勵、哀悼、紀念之意。下列題辭，敘述正確的選項是：

(A)「關雎誌喜」適用於賀新婚

(B)「高山仰止」適用於賀女壽

(C)「齒德俱尊」適用於賀升官

（D）「天喪斯文」適用於輓學者

（E）「貨殖流芳」適用於輓政界

〈94年大學指考〉

參考答案：（AD）

解答說明：測驗學生對「題辭」的了解及能否應用。屬於「指定考科測驗目標」中的「能評判不同媒題材料中應用性文字之精確度與合宜性」。

（B）適用於輓師長或老年男喪（C）賀男壽（E）輓商界

4. 請選出下列各組詞語中，沒有錯別字的選項：

（A）手指／手屈一指；聲名／聲敗名裂；是非／惹是生非

（B）制服／制伏歹徒；反應／反映民意；權利／權力義務

（C）事務／不識時務；心機／工於心計；刻苦／刻骨銘心

（D）歡心／歡欣鼓舞；高粱／膏粱子弟；垂首／垂手可得〈93年指考模考題〉

參考答案：（C）

解答說明：（A）「首」屈一指；「身」敗名裂。（B）權「利」義務。（D）「唾」手可得。

5.下列各組「　」內的字，讀音兩兩相同的選項是：

(A)蜂「螫」蟲叮／春雷驚「蟄」

(B)日薄「崦」嵫／「閹」然媚世

(C)年「湮」代遠／「闇」於自見

(D)齠「齓」幼童／「牝」牡驪黃

〈94年學測模考題〉

參考答案：(B)

解答說明：(A)ㄓㄜ／ㄓˊ(B)ㄧㄢ(C)ㄧㄣ／ㄢˋ(D)ㄔㄣˋ／ㄆㄧㄣˋ

6.下列各選項中，「　」內字音完全不同的是：

(A)唐「棣」之華／床「笫」之私／不「啻」

(B)敬請「哂」納／白露未「晞」／木「樨」

(C)「叨」陪末座／「齠」齓之齡／「絛」蟲

(D)插科打「諢」／「混」吃混玩／「餛」飩

參考答案：(A)

解答說明：(A)ㄉㄧˋ／ㄗˇ／ㄔˋ(B)ㄕㄣˇ／ㄒㄧ／ㄒㄧ(C)ㄊㄠ／ㄊㄧㄠˊ／

ㄊㄠ（D）ㄏㄨㄣˋ／ㄏㄨㄣˋ／ㄏㄨㄣˊ

7.下列「　」內的字何者是指顏色？

（A）「烏」合之眾

（B）「赤」手空拳

（C）故弄「玄」虛

（D）素衣化「緇」

參考答案：（D）

解答說明：（A）烏鴉（B）空的（C）深遠奧妙（D）黑色

◎8.下列文句完全沒有錯別字的選項是：

（A）指考逼近，許多同學都焚膏繼晷，閉門苦讀，根本沒有閒瑕從事休閒活動。

（B）面對這樁棘手的案件，法官理應審慎處理，不能遷就形勢，以免歹徒逍遙法外。

（C）世界棒球經典大賽，中華健兒雖竭心盡力，終因技不如人，鍛羽而歸，令人扼腕。

（D）當今社會，每當事情一發生，便有種種號稱獨家報導者，任意渲染，多所揣測，誠可謂眾說紛紜，眞相卻益發撲朔迷離，難以釐清。

（E）爲人處世，不宜師心自用，而應多參考他人看法。若對方意見可取，固應從善如流，即使不全可取，亦宜斟酌採行，不必斷然排斥。

〈95年大學指考〉

參考答案：（BDE）

解答說明：（A）閒瑕→閒暇。「瑕」从玉部，指玉的斑點；「暇」从日部，指時日。（C）鍛羽→鎩羽。指遭遇挫折，如鳥被剪落羽毛，則不得展翅高飛。

9. 請依照對聯的特性，依序填入最適當的詞語：

（甲）放文□□□□外，擇友壺天酒地中

（乙）文章西漢兩司馬，經濟□□一臥龍

（A）風花雪月／東漢
（B）蘇海韓潮／南陽
（C）歐瀾柳泉／三國
（D）古今中外／諸葛

參考答案：（B）

解答說明：

（甲）「壺天酒地」爲「形容詞＋名詞＋形容詞＋名詞」，以這個結構找，只有（B）（C）合用；再用平仄判斷，只有（B）符合平仄相對的特質。

（乙）由對聯不重複用字的原則，可以刪去（A）；「西漢」的「西」最好用同樣的方位用詞「南」，且時間對地名也是對聯特性，故選（B）。

10.
（甲）六么催拍盞頻傳，人生何處似尊前
（乙）今宵賸把銀釭照，猶恐相逢在夢中
（丙）漸酒空金榼，花困蓬瀛。豆蔻梢頭舊恨

（丁）彩袖殷勤捧玉鍾，當年拚卻醉顏紅

（戊）未歌先噎，愁近清觴

（己）雪中高樹，香篝熏素被

上述各段文句，完全沒有「酒杯」出現的選項是：

（A）丁戊（B）甲乙（C）乙己（D）丙己

參考答案：（C）

測驗目標：能理解、辨析古今語法、語義等之特徵與差異。

命題出處：（甲）歐陽修〈浣溪沙〉（乙）（丁）晏幾道〈鷓鴣天〉（丙）秦觀〈滿庭芳〉（戊）周邦彥〈風流子〉（己）周邦彥〈花犯〉

解答說明：（甲）「盞」、「尊」（丙）「金榼」（丁）「玉鍾」（戊）「觴」以上爲酒杯（乙）「釭」爲燈具（己）「篝」爲熏籠

11. 中華文化裡以人爲尊，表現在語言裡則以人爲本位，而往往以動物來表達負面、譴責的意義，例如以「獐頭鼠目」形容人長相猥瑣，以「狼心狗肺」罵人凶惡狠毒。下列選項中，每一選項都包含四句與動物有關的成語，其中四句成

語皆屬於表達負面、譴責之意的選項是：

（A）烏合之眾／狐假虎威／雞犬不寧／犬馬之勞

（B）狐群狗黨／狗仗人勢／鳳毛麟角／豺狼當道

（C）牛鬼蛇神／洪水猛獸／抱頭鼠竄／童顏鶴髮

（D）狼狽為奸／喪家之犬／蠅營狗苟／一丘之貉

參考答案：（D）

測驗目標：詞語、成語之辨識與應用能力。

解答說明：本題為成語測驗，所選成語皆與動物有關，要求選出皆屬表達負面、譴責之意的成語選項。選項中四個成語皆帶有負面含義，而A選項中「犬馬之勞」屬謙詞，B選項中「鳳毛麟角」指少數珍貴的事物，C選項中「童顏鶴髮」是形容老年人面色潤澤如孩童一般，皆不帶負面含義。

12.下列各選項文字寫法都正確的是：

（A）鬧憋扭／不醒人事／頷手稱慶

（B）交通樞紐／抵觸法令／骨瘦如材

（C）勘誤表／鋌而走險／戴罪立功

（D）尋人啓示／法律制裁／登峰造級

參考答案：（C）

解答說明：（A）鬧彆扭／不省人事／額手稱慶（B）交通樞紐／牴觸法令／骨瘦如豺（柴）（C）勘誤表／鋌而走險／戴罪立功（D）尋人啓事／法律制裁／登峰造極

13.下列各選項中成語運用恰當的是：

（A）競賽中能獲勝的團隊，必定具有「工力悉敵」的洞察才能。

（B）戰亂引發通貨膨脹，物資匱乏，「米珠薪桂」，令人憂心不已。

（C）昏天暗地忙了一整天，直到肚子咕嚕咕嚕作響，才恍然意識到「中饋猶虛」。

（D）他長臥病榻，幸有慈母悉心照料，爲其「吐哺握髮」，病情才漸有起色。

參考答案：（B）

解答說明：（A）工力悉敵：實力相當（B）米珠薪桂：物價昂貴（C）中饋猶虛：尚未娶妻（D）吐哺握髮：禮賢下士

14. 請閱讀下文，在「　」內填入適當的詩句：

「水流心不競，雲在意俱遲」，景中之情也。「卷簾惟白水，隱几亦青山」，情中之景也。「　」，情景相融而莫分也。……因知景無情不發，情無景不生。（宋．范晞文《對床夜語》）

（A）江流天地外，山色有無中

（B）夜闌更秉燭，相對如夢寐

（C）感時花濺淚，恨別鳥驚心

（D）泉聲咽危石，日色冷青松

〈93年指考模考題〉

參考答案：（C）

解答說明：詩歌以抒情爲主，然情思迷離，捉摸不易，故詩人往往融情入景，使情景和諧如一，即范晞文所謂「情景相融而莫分」。「水流心不競，雲在意俱遲」出自杜甫〈江亭〉。意味水流得緩慢，使人的心思停止競逐；雲不流動，使人的意念也跟著遲緩了。說明人厭倦競逐的生活，大自然可以使心情安定。「卷簾惟白水，隱几亦青山」出自杜甫〈悶〉詩：「瘴癘浮三蜀，風雲暗百蠻。卷簾惟白水，隱几亦青山。猿捷長難見，鷗輕故不還。無錢從滯客，有鏡巧催顏。」寫詩人愁悶難遣之時，青山白水在前，亦不免心中鬱結。

隱几：倚靠几案。

（A）出自王維〈漢江臨泛〉。寫浩淼的江水與天地一起浮動，山色若有若無，展示了江面之寬，江流之長，著重寫遠景。

（B）出自杜甫〈羌村〉。寫詩人從千里之外的戰亂中逃脫回家，夫妻重聚，相濡以沫的溫馨，著重寫情。

（C）出自杜甫〈春望〉。作者寓情於景，因感歎時事，感傷離別，而把這種感情賦予眼前的景物，說花朵因傷時而落淚，鳥兒因恨別而驚惶不安。

（D）出自王維〈過香積寺〉。寫流泉經過高險的山石發出幽咽之聲；深山樹木蓊鬱，連照到松樹上的日光也有寒意，純爲寫景之語。

15.下列選項完全無錯別字者爲：

（A）他縱橫商場多年，素以眼光犀利、出手俐落聞名，尤其擅長併購，斬將牽旗，爲公司創造巨額利潤。

（B）求學貴在專心致志，可惜的是現代學生在學習過程中常心有旁鶩，成積因此每下愈況。

（C）美國紐奧良日前遭受卡崔娜颶風重創，街頭出現多起劫掠事件，不肖之徒趁火打劫，還囂張地面對攝影鏡頭大刺刺展示搜刮來的財物。如此行徑，令人不恥。

（D）林老師中樂透後，將所得彩金捐給慈善團體的消息，不脛而走，掀起校內一陣熱烈討論。

〈94年學測期末模考〉

參考答案：（D）

解答說明：（A）斬將「牽」旗：搴（B）鶩→騖；積→績（C）大「刺刺」→大「剌剌」；恥→齒。

16.下列成語的運用，完全正確者爲：

（A）他曾貴爲大企業的小開，平日「一飯千金」，不料，今日竟落得街頭行乞的下場。

（B）這位服裝設計界的新秀，初次躋身國際舞台，難免因「目無全牛」而表現欠佳。

（C）有理走遍天下，無理寸步難行，如果你「自反而縮」，不如早日認錯，請求大家的原諒。

（D）金庸日前爲改版的《新天龍八部》來台和忠實讀者溝通，許多老讀者咸認爲舊作是「不刊之論」，拒絕接受改版之作。〈94年學測期末模考〉

參考答案：（D）

解答說明：（A）一飯千金：接受別人一點小恩惠，而給予重大的回報。（B）目無全牛：喻技藝精湛熟練。（C）自反而縮：自我反省正直而有理。（D）不刊之論：不可更改或磨滅的言論。

17.閱讀下列文字後作答：

邊韶字孝先，陳留浚儀人也。以文章知名，教授數百人。韶口辯，曾晝日假臥，弟子私嘲之曰：「邊孝先，腹便便。懶讀書，但欲眠。」韶潛聞之，應時對曰：「邊爲姓，孝爲字。腹便便，五經笥。但欲眠，思經事。寐與周公通夢，靜與孔子同意。師而可嘲，出何典記？」嘲者大慚。（《後漢書・邊韶傳》）

依據上文，下列敘述不當的選項是：

（A）邊韶不僅飽讀詩書，擅長文章，且口才流利，富機智反應。

（B）文中「寐與周公通夢，靜與孔子同意」，暗用《論語》孔子曰「久矣，吾不復夢見周公」的典故。

（C）「腹便便」讀爲「腹ㄆㄢˊㄆㄢˊ」，學生本用以嘲笑邊韶身材肥胖，邊韶則用以自喻博學多聞。

（D）文中邊韶說「師而可嘲，出何典記」，目的在考核學生熟讀經典的能力，而學生無法回答，故「嘲者大慚」。

〈95年指考〉

參考答案：（D）

命題出處：《後漢書・邊韶傳》。

解答說明：白話語譯：邊韶字孝先，陳留浚儀人。以經學聞名當代，教導幾百人。邊韶辯才無礙，曾在白天打瞌睡，學生私下嘲笑他說：「邊孝先肚子大，懶得讀書只想睡覺。」邊韶暗地裡聽說了這順口溜，找機會頂回去：「邊是姓，孝是字，肚子大，有如飽讀五經的書庫。只想睡，是在思考經典之事，夢中與周公對話，閒靜時與孔子同調。開老師的玩笑，這出自那部書？」嘲笑的人非常慚愧。

（D）邊韶說「師而可嘲，出何典記」乃反詰句，目的在提醒學生尊師重道，故嘲者大慚。

18. 中國文字以形聲字爲數最多，故以偏旁作爲聲符，其讀音多半相同或是接近。例如婉、琬、碗，皆以「宛」爲聲符，故三個字的讀音皆爲「ㄨㄢˇ」。

下列各組「　」內的讀音何者完全相同？

（A）如喪考「妣」／頻出「紕」漏／大樓「毗」連

（B）令人「咋」舌／雙溪「舴」艋舟／門衰「祚」薄

（C）所費不「貲」／「齜」牙咧嘴／「訾」議詆毀

（D）囁「嚅」難言／「孺」子可教／耳「濡」目染

參考答案：（D）

解答說明：（A）ㄅㄧˇ／ㄆㄧ／ㄆㄧˊ（B）ㄗㄜˊ／ㄗㄜˊ／ㄗㄨㄛˋ（C）ㄗ／ㄗ／ㄗˇ（D）ㄖㄨˊ

19. 相同的詞語往往因爲前後的文意不同而意義不同，下列各組「　」內的詞語意義何者兩兩相同？

（A）風簷展書讀，古道照「顏色」／雨過天青雲破處，這般「顏色」做將來。

（B）借問漢宮誰得似？「可憐」飛燕倚新妝／「可憐」夜半虛前席，不問蒼生問鬼神。

（C）岐王宅裡「尋常」見，崔九堂前幾度聞／酒債「尋常」行處有，人生七十古來稀。

（D）書封雁足此時修，情繫人心「早晚」休／春雨闇闇塞峽中，「早晚」來自楚王宮。

〈96年學測模考〉

參考答案：（C）

解答說明：（A）容顏（選自文天祥〈正氣歌〉）／七彩顏色（選自文海〈披沙記〉）（B）可愛（選自李白〈清平調〉）／同情（選自李商隱〈賈生〉）（C）平常（選自杜甫〈江南逢李龜年〉）／平常（選自杜甫〈曲江詩〉）（D）何日、幾時（選自王實甫《西廂記》第五本）／朝暮（選自杜甫〈江雨有懷鄭典設〉）

◎20.下列關於女子之美的詩文描述，何者著重描寫美麗所產生的效果或反應？

（A）巧笑倩兮，美目盼兮

（B）一笑傾人城，再笑傾人國

（C）行者見羅敷，下擔捋髭鬚

（D）那雙眼睛，如秋水，如寒星，如白水銀裡頭養著兩丸黑水銀

（E）不看妳的眼，不看妳的眉；看了心裡都是妳，忘了我是誰

參考答案：（B）（C）（E）

試題出處：（A）《詩經．衛風．碩人》（B）李延年〈佳人歌〉（C）樂府

詩，〈陌上桑〉（D）劉鶚《老殘遊記・明湖居聽書》（E）李敖〈忘了我是誰〉

解答說明：（A）（D）直接描繪美人的神情與丰采（B）敘述了女子美麗的驚人效果（C）（E）則透過他人的言行反應，傳達女子的動人。

白話語譯：（A）巧然一笑，光燦動人；美目一轉動，黑白分明（B）她一笑就能讓一個城市爲之傾倒；再展露笑顏更使舉國癡醉（C）行人看見了羅敷，不自覺地放下擔子，摸著鬍子欣賞她

◎21. 請選出下文中成語運用正確的選項：

（A）偷得浮生半日閑，在南投鳳凰谷「山棲谷隱」，享受旅遊之樂眞是開心。

（B）他身上素面的襯衫及長褲，搭配得「紛紅駭綠」，吸引了路人的目光。

（C）筱雯每日擬定複習進度，「孜孜矻矻」的讀書，準備明年的學測大考。

（D）馬陵之戰齊國之所以會獲勝，乃孫臏「操其奇贏」，戰術運用得當。

（E）陸游的個人理念未能達成，時不我與，最後廢居在家，「齎志而終」。

〈96年指考模考〉

參考答案：（CE）

解答說明：（A）「山棲谷隱」言在山中隱居（B）「紛紅駭綠」言花枝樹葉隨風擺動（C）「孜孜矻矻」指勤勞努力不懈怠（D）「操其奇贏」言做生意操持其盈利（E）「齎志而終」言心願未達成而死去

◎22.古人用干支紀年，以十天干依次配上十二地支，組合成以六十爲週期的紀年方式，稱爲一甲子。十二地支又可對應十二生肖的紀年法；也用來表示一天的十二個時辰，如卯時即上午五至七點。下列有關干支的敘述，正確的選項是：

〈94年大學指考〉

（A）若去年爲甲申年，則明年爲丙亥年。

（B）子時是夜裡凌晨零點至兩點，所以通常稱爲「子夜」。

（C）民國前一年（一九一一）爲辛亥年，則民國六十年亦爲辛亥年。

（D）午時是上午十一點至下午一點，「正午時分」指中午十二點。

（E）韓愈生於唐代宗大曆三年（戊申年），歐陽修生於北宋眞宗景德四年（丁未年），可知韓愈生肖屬猴，歐陽修屬羊。

參考答案：（CDE）

測驗目標：測驗學生對干支的了解及應用。屬於「指定考科測驗目標」中的「文化之體悟與創造能力」。

解答說明：我國古代以十天干搭配十二地支紀年。十天干是：「甲、乙、丙、丁、戊、己、庚、辛、壬、癸」；十二地支是：子、丑、寅、卯、辰、巳、午、未、申、酉、戌、亥」。第一年甲子，第二年則是乙丑……第十一年爲甲戌、第十二年爲乙亥，依此類推，六十年爲一週期。

十二地支可對應十二時辰（每時辰二小時）。

子（23：00～1：00）
丑（1：00～3：00）
寅（3：00～5：00）
卯（5：00～7：00）
辰（7：00～9：00）
巳（9：00～11：00）
午（11：00～13：00）
未（13：00～15：00）
申（15：00～17：00）
酉（17：00～19：00）
戌（19：00～21：00）
亥（21：00～23：00）

十二地支又可對應十二生肖：

鼠	子
牛	丑
虎	寅
兔	卯
龍	辰
蛇	巳
馬	午
羊	未
猴	申
雞	酉
狗	戌
豬	亥

（A）明年爲「丙戌」年。
（B）子夜是深夜十一點至凌晨一點。

23.題辭是國人婚喪喜慶時不可或缺的贈語，下列「祝賀用語」用法正確的選項是：
（A）賀人訂婚可用「緣訂三生」，賀人結婚可用「天賜遐齡」。
（B）賀人生子可用「弄瓦徵祥」，賀人生女可用「明珠入掌」。
（C）賀人當選民代可用「眾望所歸」，賀人書法優勝可用「龍飛鳳舞」。
（D）賀人喬遷新居可用「里仁爲美」，賀人新店開張可用「貨殖留芳」。

參考答案：（C）

測驗目標：①詞語、成語之辨識與應用能力。
②其他重要國學及文化常識。

解答說明：此題爲應用文中有關題辭的選用，各選項所列舉的都是生活中常用詞語或成語。A選項的「天賜遐齡」當用於壽慶，B選項「弄瓦」係祝人生女的頌詞，而D選項的「貨殖留芳」則用於輓商界人士去世。C選項爲正確選項，其中的「龍飛鳳舞」是形容書畫的筆勢靈活流暢。

24. 漢語裡歇後語的結構，往往由兩部分組成，前一部分是比喻或隱語，後一部分則是對前一部分意義的說明解釋。而後一部分說明的部分，又可分成兩種，一種是喻義的解說，如：周瑜打黃蓋——一個願打，一個願挨；另一種則是利用諧音造成一語雙關，如：外甥打燈籠——照舅（舊）。下列文句裡的歇後語，屬於諧音的雙關語一類的選項是：

（甲）看到愛吃的東西，阿兄最愛「乞食（丐）背葫蘆——假仙」。

（乙）工友老王敢跟老闆吵架，眞是「電線桿上插雞毛——好大的撣子」。

（丙）說到他們兩人之間的婚事，根本是「四兩棉花——彈不上」，你就別白操心了。

（丁）全班學生合送退休的老師一籃鮮花，實在是「千里送鵝毛——禮輕情義重」。

（戊）那家商店所有貨品都不標明製造、保存日期，根本是「賣布不帶尺——存心不量」。

（己）全班同學畢業後，到社會上就業，也都能「八仙過海——各顯神通」，各自闖出一片天下來。

（A）甲丙丁（B）乙丙戊（C）乙戊己（D）丙丁己

參考答案：Ｂ

測驗目標：詞語、成語之辨識與應用能力。

解答說明：本題測驗學生是否能判別諧音的雙關，甲、丁、己三選項皆屬於喻義的說明，與聲音無關。乙選項則是「電線桿上插雞毛——好大的撣（膽）子」；丙選項是「四兩棉花——彈（談）不上」；戊選項是「賣布不帶尺——存心不量（良）」，此三者都是利用語音的雙關，來造成歇後語的趣味。故正確答案是Ｂ。

25.
（甲）如法「炮」製：ㄆㄠˊ
（乙）「僭」越分寸：ㄑㄧㄢˊ
（丙）步履「踉」蹌：ㄌㄧㄤˋ
（丁）無可置「喙」：ㄏㄨㄟˋ
（戊）「吮」吸手指：ㄩㄣˇ
（己）扭傷腳「踝」：ㄌㄨㄛˇ
以上「　」中的語詞，語音完全正確的選項是：（Ａ）甲乙戊（Ｂ）甲丙丁

（C）乙丙丁（D）丙戊己

參考答案：（B）

測驗目標：字形、字音、字義之辨識與應用能力。

解答說明：本題屬形音義題，以普遍常用之語詞爲主，此題乙選項「僭」越，應讀爲ㄐㄧㄢˋ；戊選項「吮」吸，應讀爲ㄕㄨㄣˇ；己選項應讀爲ㄏㄨㄞˊ。

26.
（甲）一味姑息／迥然不同
（乙）莫名其妙／破釜沈舟
（丙）以訛傳訛／相形見拙、磨擦生熱／再接再勵
（戊）膾炙人口／趨之若鶩
上述各句中語詞，用字完全正確的選項是：（A）甲乙丙（B）甲乙戊（C）乙丙丁（D）丙丁戊

參考答案：（B）

測驗目標：字形、字音、字義之辨識與應用能力。

解答說明：本題屬形音義題，以一般常見常錯之語詞爲主，甲選項中「一

味」，社會大眾常誤寫作「一味」，「迥」然，則常被誤為「迴然」；乙選項「莫名其妙」容易寫成「莫明」，戊選項中的趨之若「鶩」，容易和「騖」混用。丙、丁選項都各有錯字，應作「相形見『絀』」，及「摩」擦，故正確答案應為：（B）甲乙戊。

◎27.教完柳宗元〈始得西山宴遊記〉、范仲淹〈岳陽樓記〉、歐陽脩〈醉翁亭記〉、蘇洵〈六國〉、蘇軾〈赤壁賦〉等課之後，老師要求同學掌握課文中詞語的原意練習造句。下列符合要求的選項是：

（A）芒果冰滋味甜美、清涼解渴，在炎熱的夏天吃一碗，眞是令人「心凝形釋」，暑氣全消。

（B）她的音質好，又肯努力練習，因此加入合唱團沒多久就「水落石出」，受到大家的讚賞。

（C）中秋夜晚皎潔的月光映照在屏東大鵬灣的海面上，一片「浮光躍金」的景象，眞是美不勝收。

（D）老師把自己的薪水捐出來，幫助那些沒有錢繳午餐費的學童，眞是具有

「抱薪救火」的情操。

（E）參加推薦甄試面談或口試的時候，與其「正襟危坐」，緊張嚴肅，不如放鬆心情，從容自然

〈97年度大學學測〉

參考答案：（CE）

測驗目標：成語的理解與應用能力。

解答說明：（A）心神專注而形體解脫。（B）冬季水位下降，使石頭顯露出來。比喻事情眞相大白。（C）水面月光浮動，有如閃爍的黃金。（D）抱著木柴去救火。比喻處理事情的方法錯誤，以致雖有心消弭禍害，卻反使禍害擴大。（E）整理服裝儀容，端正的坐好。形容莊重嚴肅的樣子。

28. 閱讀下列文章，回答下列問題。

池邊有隻青蛙，以大學教授的口吻，說著：「水爲什麼而存在？是要給我們游泳的。蟲爲什麼而存在？是要給我們吃的EF森羅萬象都爲我們存在的事實，是無可懷疑的。」

那隻青蛙仰看天空，翻了一下眼珠，又張開大嘴說：「神的大名，是多麼值得讚頌啊！」

可是牠這一句話還沒說完，一個蛇頭猛然伸了一下，叼著那隻青蛙爬到蘆葦裡不見了。

一隻年輕的青蛙，發出哭泣般的聲音說：「宇宙萬物不都爲我們而存在，那麼，蛇也是爲我們而存在的嗎？」

「是的，蛇也是爲我們而存在，如果蛇不吃青蛙，我們會源源繁殖，那麼，池塘勢必太狹小，所以，蛇也是爲青蛙而存在的。世界上所有的東西，都是爲我們而存在的。神的大名，是多麼值得讚頌啊！」

這是我所聽到的像一隻老青蛙的回答。

節選自芥川龍之芥〈青蛙〉

作者透過「以大學教授口吻說話的青蛙」和「像一隻老青蛙的青蛙」相互對照，想表達的主題意含是：

（A）提醒世人「多行不義必自斃」

（B）闡述「物競天擇，適者生存」的道理

（C）諷刺「以大學教授口吻說話的青蛙」孤陋寡聞

（D）凸顯「像一隻老青蛙的青蛙」對生命體會的深刻

參考答案：（D）

29.《莊子》書中，常籍寓言故事寄託深刻意含，下列敘述正確的選項是：

（A）「螳螂捕蟬」藉「螳螂捕蟬，黃雀在後」的故事，說明相生相剋的道理。

（B）「相濡以沫」藉無水之魚彼此吐沫相溼潤，以求苟延生命，喻人在困境中，要互相救助。

（C）「鷽鳩笑鵬」藉小山雀嘲笑大鵬鳥，說明習於故常，力求安穩的重要。

（D）「蝸角之爭」藉蝸牛角上觸、蠻二氏經常爲了爭奪土地而相互攻戰，喻競爭廝殺慘烈。

參考答案：（B）

解答說明：（A）喻貪利而不顧後患（C）喻不自量力（小才能者去嘲笑大才能者）（D）喻爲極小的名利而爭。

30.現代漢語有一種名詞詞組，是名詞加上名詞組合而成，後面的名詞爲量詞，對前面的名詞具有補充說明的作用，例如：車輛。下列選項中，二者均屬於上述組成方式的是：

（A）米粒，麵條（B）雪花，汗珠（C）書本，紙張（D）人口，心扉（E）馬匹，槍枝

〈97年度大學學測〉

參考答案：（ACE）

測驗目標：詞語結構的辨識能力。

解答說明：（B）雪「花」、汗「珠」及（D）心「扉」是普通名詞，非量詞。

31. 下列各組詞語「　」內的字，讀音完全相同的選項是：

（A）「嗟」歎不已／「蹉」跎時日／山勢「嵯」峨

（B）「貽」人笑柄／甘之如「飴」／不忍欺「紿」

（C）鶼「鰈」情深／「喋」喋不休／最後通「牒」

（D）深「諳」世故／喉嚨「喑」啞／「黯」然失色

〈95年度大學指考〉

參考答案：（C）

解答說明：

（A）ㄐㄧㄝ，讚美，歎息／ㄘㄨㄛ，蹉跎，虛度光陰／ㄘㄨㄛˊ，嵯峨，山勢高峻的樣子。（B）ㄧˊ，遺留／ㄧˊ，糖漿或軟糖。喻樂於承擔艱苦的事情／ㄉㄞˋ，欺騙。（C）ㄉㄧㄝˊ，比目魚。鶼鰈情深：比喻夫婦感情深厚。鶼，比翼鳥／ㄉㄧㄝˊ，言語囉嗦／ㄉㄧㄝˊ，小而薄的竹簡或木片。最後通牒：又稱「哀的美敦書」，乃ultimatum中譯，指最後要求或最後文書。（D）ㄢ，熟悉／ㄧㄣ，嗓啞不能出聲／ㄢˋ，頹喪感傷。

32. 人倫是中華文化的重要質素，而文人亦常在詩作中流露對人倫的眞切感受。我國傳統將人倫略分爲五個層次：夫婦、父子、兄弟、朋友、君臣；爲了更切合實際，可以稍稍改動爲：（一）夫妻（二）親子（三）手足（四）朋友（五）群己，下列詩篇，其內容符合此排序的選項是：

（甲）自君之出矣，羅帳咽秋風。思君如蔓草，連延不可窮。（南朝．梁．范雲詩）

（乙）遊人武陵去，寶劍直千金。分手脫相贈，平生一片心。（唐・孟浩然詩）
（丙）孤雁不飲啄，飛鳴聲念群。誰憐一片影，相失萬重雲。望盡似猶見，哀多如更聞。野鴉無意緒，鳴噪自紛紛。（唐・杜甫詩）
（丁）一春簷溜不曾停，滴破空階蘚暈青。便是兒時對牀雨，絕憐老大不同聽。雁回杳杳渾無夢，鵲語啾啾似有憑。忽得遠書看百過，眼昏自起剔殘燈。（宋・劉克莊詩）
（戊）燈怯寒威焰不青，忽聞急雪打窗欞。宵深未敢拋刀尺，爲伴孤兒課一經。（清・汪鈴詩）
（A）甲丙乙丁戊（B）丙乙甲丁戊（C）甲戊丁乙丙（D）丙丁戊甲乙
〈96年度大學指考〉

參考答案：（C）
（甲）范雲〈自君之出矣〉。（乙）孟浩然〈送朱大入秦〉。（丙）杜甫〈孤雁〉。（丁）劉克莊〈和仲弟〉。（戊）汪鈴〈夜課〉。

解答說明：
（甲）由「羅帳」、「思君」可知爲閨中人思夫君所作，故爲夫妻倫。白話語譯：自從夫君離開家門遠行，家中空蕩蕩，只聽見秋風中羅帳拍動有如哽咽。思念你的心情，就像那蔓生的野草，隨處滋長，永無盡頭。

（乙）由「贈劍」可知暗用季札爲知己掛劍的典故，故爲朋友倫。白話語譯：遊子你將遠至武陵歸隱，分手時，我將這價值千金的寶劍脫手贈你，物不足惜，我珍惜的是平生知交一場的眞心啊！

（丙）由「孤雁」、「念群」可知爲群己倫。白話語譯：孤雁不飲不啄（不吃不喝），邊飛邊悲鳴，聲聲叫喚雁群。有誰憐惜牠孤單的身影，竟與雁群錯失在萬重雲之外。牠望斷天涯好似見到雁群，牠哀鳴不斷又似聽見雁群。卻只聽到心無愁緒的野鴉，紛紛擾擾鼓噪不停。

（丁）由「對牀雨」的典故，可知爲兄弟倫。唐・韋應物〈示全眞元常〉：「寧知風雪夜，復此對牀眠。」蘇軾別弟蘇轍時有詩：「寒燈相對記疇昔，夜雨何時聽蕭瑟。」自註：「嘗有『夜雨對牀』之言，故云爾。」「夜雨對牀」成了兄弟親愛的典故。本選項出自劉克莊〈和仲弟〉詩，爲十首絕句中的兩首。第一首白話語譯：整個春天屋檐滴雨沒有停過，階前潤出青綠的苔蘚，又因無人到訪，青苔被雨滴破。這就是我們在兒時共同對著牀聆聽的風雨，最可惜的是長大成人後兄弟各處一方，再也不能共聽。第二首白話語譯：雁陣歸回遙遠的北方了，沒帶給我什麼信息，連夢也沒有，一早卻聽到喜鵲啾啾，似傳遞什麼喜訊。忽然收到你來自遠方的信，我看了百遍，一直看到夜盡燈殘，老眼昏花，又起身剔亮殘燈。

（戊）由「刀尺」、「伴孤兒課一經」可知爲寡母陪伴孤子夜讀，故爲親子倫。白話語譯：寒夜中，連燈火也怯憐憐地點不亮，忽然又聽到一陣急雪，打在窗櫺的聲音。夜深了，我卻不敢丟下做針線的剪刀和布尺，只爲了陪伴孤子再多念一本經書。

33. 隨著社會發展的加快，外來詞在現代漢語中的地位和作用也越來越重要，這值得我們重視。含有音譯成分的外來詞主要有：（一）純音譯，如布丁（二）半音半意譯，如千瓦（三）音譯加類名，如卡片（四）音意兼譯，如俱樂部。下列外來詞依此順序排列的選項是：

（A）嬉皮、啤酒、吉他、華爾街

（B）吉他、華爾街、啤酒、嬉皮
（C）吉他、嬉皮、啤酒、華爾街
（D）啤酒、吉他、華爾街、嬉皮

〈96年度大學指考〉

參考答案：（B）

解答說明：吉他（guitar）：乃純音譯。華爾（Wall）街（street）：半音半意譯。啤（beer）酒：音譯加類名。嬉皮（hippie）：嬉戲調皮，乃音意兼譯。

34.下列各組「　」中聲符相同的字，其讀音全異的是：
（A）「毗」鄰／「枇」杷／「仳」離／先「妣」
（B）鬥「毆」／「謳」歌／老「嫗」／「傴」僂
（C）「烙」印／「恪」遵／「咯」血／「胳」肢
（D）迤「邐」／「驪」歌／黃「鸝」／「釃」酒

〈97年大學指考、模考〉

參考答案：（C）

解答說明：（A）ㄆㄧˊ／ㄆㄧˊ／ㄆㄧˇ／ㄅㄧˇ（B）ㄡ／ㄡ／ㄩˋ／ㄩˇ（C）

ㄉㄠˋ／ㄎㄜˋ／ㄎㄚˇ／ㄍㄜ（D）ㄌㄧˇ／ㄌㄧˊ／ㄌㄧˊ／ㄙ

35.下列引文，依文意推敲，（　）內最適宜填入的選項是：「味要濃厚，不可油膩；味要清鮮，不可淡薄。此疑似之間，（　）。濃厚者，取精多而糟粕去之謂也；若徒貪肥膩，不如專食豬油矣。清鮮者，眞味出而俗塵無之謂也；若徒貪淡薄，則不如飲水矣。」〈袁枚《隨園食單》〉

（A）差之毫釐，失以千里
（B）食之無味，棄之可惜
（C）魚目混珠，濫竽充數
（D）虛者實之，實者虛之　〈93年大學學測〉

參考答案：（A）

解答說明：濃厚與油膩、清鮮與淡薄，看似相同，卻有鮮明差別，因此說「差之毫釐，失以千里」。

36.古人論孝道的言論很多，如敬養父母、先意承志等。除了事親之外，寶愛自身也是盡孝之道，下列文字，符合寶愛自身之孝的選項是：

（A）孝子不登高，不履危。（《大戴禮記．曾子本孝》）

（B）父母之年，不可不知也。一則以喜，一則以懼。（《論語．里仁》）

（C）事父母幾諫，見志不從，又敬不違，勞而不怨。（《論語．里仁》）

（D）身體髮膚，受之父母，不敢毀傷，孝之始也。（《孝經．開宗明義章》）

（E）孝子之事親也，居則致其敬，養則致其樂，病則致其憂，喪則致其哀，祭則致其嚴。（《孝經．紀孝行章》）〈96年度大學指考〉

參考答案：（AD）

解答說明：

（A）孝子要寶愛自己。白話語譯：孝子不登高處，不涉險地。（《大戴禮記．曾子本孝》）。

（B）孝子要善體親心。白話語譯：父母的年紀不可以不知道，一則喜其添壽，一則懼其衰老。（《論語．里仁》）

（C）孝子要委婉事親。白話語譯：侍奉父母，如果有事相勸，必須委婉。一

且父母不聽從自己，還是要保持敬意，不違背親意，只自己憂勞，卻不抱怨父母。（《論語．里仁》）

（D）孝子要寶愛自己。白話語譯：自己的身體頭髮皮膚都來自父母，不能因過失而受傷或受刑導致毀傷，這是最基本的孝道。（《孝經．開宗明義章》）

（E）孝子要以禮終養。白話語譯：孝子事奉父母親時，居家生活中竭盡敬意，奉養父母時使其歡樂；父母病時眞心憂望；父母病歿時哀慟治喪；祭拜父母時端莊嚴肅。（《孝經．紀孝行》）

37. 下列文句均與季節有關。就其所描寫的景色、情境，依春夏秋冬物候變化之先後爲序，排列正確的選項是：

（甲）那時暄氣初消，月正圓，蟹正肥，桂花皎潔，也未陷入凜冽蕭瑟氣態，這是最値得賞樂的。

（乙）一地李花，飄零似雪，也爲我翌日晨曉推窗時牽起家國之思來，這種思念，經過日光烘托，益其溫暖爛漫，浩浩蕩蕩，明媚千萬里，天涯便也近在咫尺了。
（丙）近前光晃晃的柏油路面，熱得實在看不到什麼了。稍遠一點的地方的景象，都給蒙在一層黃膽色的空氣的背後，他再也不敢望穿那一層帶有顏色的空氣看遠處。
（丁）南方的黃梅天的確糟糕得可以。天，老是陰沉沉地布滿厚重的破棉絮似的雲，雨是天天下，但下得又不乾脆：有時翻江倒海下一個整天整夜，有時竟連綿到三、四天。
（戊）松濤如吼，霜月當窗，饑鼠吱吱在承塵上奔竄。我於這種時候，深感到蕭瑟的詩趣，常常獨自撥劃著爐火，不肯就睡，把自己擬諸山水畫中的人物，作種種幽邈的遐想。

（A）乙丙丁戊甲（B）乙丁丙甲戊（C）丁乙丙戊甲（D）丁丙乙甲戊

〈95年度大學、指考〉

參考答案：（B）

解答說明：

（甲）由「暄氣初消，月正圓，蟹正肥，桂花皎潔」可知是八月桂花香的秋

天。（林語堂〈秋天的況味〉）

（乙）由「一地李花」可知是暮春三月。（冰雪玉蝶〈春來思鄉〉）

（丙）由「熱得實在看不到什麼了」可知是酷暑。（黃春明〈兒子的大玩偶〉）

（丁）由「南方的黃梅天」可知是初夏黃梅天。（吳組緗〈黃梅時節〉）

（戊）由「松濤如吼，霜月當窗，劃著爐火」可知是北風狂驟的冬天。（夏丏尊〈白馬湖之冬〉）

38. 詩人常借用動物的特徵爲喻。下列甲詩中的「兒子」和乙詩中的「我」所喻指的動物，依序最可能是：

（甲）兒子說／「爸爸，新年快到了／我要買鞋子。」／爸爸說／「你要我的老命是不是？」

（乙）我來了，一個光耀的靈魂／飛馳於這世界之上／播散我孵育的新奇的詩的卵子／但世界是一盞高燃的油燈／雖光明，卻是無情／啊啊，我竟在惡毒的燃燒中死去……

（A）蜘蛛／飛蛾（B）蜈蚣／飛蛾（C）蜘蛛／蝙蝠（D）蜈蚣／蝙蝠

參考答案：（B）　〈97年度大學學測〉

測驗目標：閱讀理解作品的能力。

解答說明：（甲）從「買新鞋子」及「要我的老命」聯繫來看，最有可能是有「百足蟲」之稱的蜈蚣；（乙）從「高燃的油燈」及「燃燒中死去」可聯想到「撲火」的飛蛾。

39. 「比喻使人快樂。打從進學開始，友朋間有雅好談玄辯奧者，一向讓我肅然起敬；但是鑽之彌深，言之越切，一旦理路拙於詞鋒，容易生口角。可是，倘或有擅長取譬成論者，總覺得如薰如沐，而不致困於名理。大約就是在學生宿舍裡□□□□，言不及義的那段時間裡，我開始發現：『打比喻』是一種冷靜沉著的力量，不是太容易的事。」（張大春《認得幾個字．喻》）

以上空格宜填入的成語是：（A）金聲玉振（B）挑燈捫蝨（C）諮諏善道（D）振聾發聵　〈97年大學指考、模考題〉

參考答案：（B）

解答說明：南宋陸游〈病起書懷〉：「出師一表通今古，夜半挑燈更細看。」及「捫虱劇談空自許，聞雞浩歎與誰同！」後以「挑燈捫虱」代表夜裡與人長談，「捫虱而談」和「握塵談玄」一樣是魏晉時流行的一種文人風雅。

40.下列各文句中「　」內的詞語，用法正確的選項是：
（A）他平素「色厲內荏」，是位外剛內柔的正直長官。
（B）聽到別人犯錯時，應該抱著「哀矜而勿喜」的態度。
（C）孫君「當仁不讓」，獨吞與友人合作投資所得的利潤。
（D）父親鼓勵張生要「不恥下問」，向老師多多請益，學業才會進步
〈96年度大學指考〉

參考答案：（B）

解答說明：
（A）《論語．陽貨》：「色厲而內荏，譬諸小人，其猶穿窬之盜也與！」白話語譯：外表嚴厲而內心怯弱的人，拿小人來作比方，就像那鑽牆的小

偷吧！「色厲內荏」爲貶義，「外剛內柔」則爲褒義。

（B）《論語．子張》：「上失其道，民散久矣。如得其情，則哀矜而勿喜。」白話語譯：朝廷不用正道治民，民心背離已久。你在審判案件時，如果查出了實情，應該同情他們，而不是以能查出眞相而高興。

（C）《論語．衛靈公》：「當仁，不讓於師。」白話語譯：面對仁義之事，應勇於承擔，即使老師在前也不謙讓。「當仁不讓」爲褒義，不能用於做壞事。

（D）《論語．公冶長》：「敏而好學，不恥下問。」語譯：（孔文子）聰敏靈活，愛好學問，不以向地位學識不如自己的人詢問爲恥。向老師請益不可謂之「下問」。

41.關於下引文字，敘述正確的選項是：

郗太傅（郗鑒）在京口，遣門生與王丞相（王導）書，求女婿。丞相語郗信：「君往東廂，任意選之。」門生歸，白郗曰：「王家諸郎，亦皆可嘉，聞來覓婿，咸自矜持。唯有一郎在牀上坦腹臥，如不聞。」郗公云：「正此好！」訪

之，乃是逸少（王羲之），因嫁女與焉。（《世說新語，雅量》）

（A）「遣門生與王丞相書」，是送書卷作爲見面禮。

（B）「丞相語郗信」，是說王丞相口授回信給郗太傅。

（C）「唯有一郎在牀上坦腹臥，如不聞」，「一郎」是指王家的大少爺。

（D）「郗公云：『正此好！』」郗鑒擇王羲之爲婿，是因爲他不做作，是個率眞的人。

參考答案：（D）

解答說明：白話語譯：郗鑒太傅任職京口時，派一名門客帶一封信給王導丞相，向他請求一名好女婿。王丞相告訴郗鑒的使者：「請先生您自己到東廂房去，任意挑選一名子弟即可。」那名門客看過後回報郗鑒說：「王家孩子們人品都很好，一聽說我是來挑女婿的，都莊重做作了起來。只有一個男孩坦著肚子躺在臥榻上，就好像沒聽到一樣。」郗公說：「就是這孩子最好。」探查之下，原來就是王逸少（羲之），於是就把女兒嫁給他。

（A）派一名門客帶一封信給王導丞相。書，指信件。

（B）王丞相告訴郗鑒的使者。信，指使者。

（C）一個男孩。

◎42.「用典」是古典詩詞常見的表現方式。下列關於各詩詞句子用典的敘述，正確的選項是：

（A）「天子三章傳，陳王七步才」用「曹植」的典故。

（B）「嘆鳳嗟身否，傷麟怨道窮」用「孔子」的典故。

（C）「千載琵琶作胡語，分明怨恨曲中論」用「白居易」的典故。

（D）「傲殺人間萬戶侯，不識字煙波釣叟」用「白樸」的典故。

（E）「靈均標致高如許，憶生平既紉蘭佩，更懷椒醑」用「屈原」的典故。

〈92大學指科〉

參考答案：（ABE）

◎43.今日常用的語詞，有些是出自古典小說或戲曲故事，如「空城計」即來自《三國演義》。下列文句「　」中語詞，與其後出處搭配正確的選項為：

（A）我最喜歡當「紅娘」了，我來介紹你們認識吧／《西廂記》
（B）他「過五關斬六將」，終於在全國比賽中獲得冠軍／《三國演義》
（C）歷史告訴我們，吏治不清之時，人民會「揭竿起義」／《水滸傳》
（D）放心，任憑他怎麼油滑，也「翻不出如來佛手掌心」／《西遊記》
（E）這次到了巴黎，眞可說是「劉老老進大觀園」，大開眼界／《紅樓夢》

〈93大學學測〉

參考答案：（ＡＢＤＥ）

解答說明：「揭竿起義」出自《史記．陳勝世家》。

◎44.語言文字的使用經過時代的遞轉，常有意義轉變的情形發生。下列成語的現代用法，何者與原始意義不相同？

（A）沉魚落雁
（B）日薄西山
（C）出爾反爾
（D）尸位素養

（E）不忮不求。

參考答案：（ABC）

解答說明：（A）原是莊子用來說明世間無絕對的是非美醜的道理。今指女子容貌美麗。（B）原指日落黃昏。後指人近老年，殘生將盡。（C）原指你怎麼對待別人，別人也會怎麼待你。後比喻人的言行前後反覆。

◎45.下列有關詩文中人物史事的敘述，正確的有：

（A）「傲殺人間萬戶侯，不識字煙波釣叟」是敘述陶淵明辭官，辭隱田園之事。

（B）「謫仙去世三百年，海中鯨魚渺翩翩」是讚詠李白詩歌成就高絕，後繼無人。

（C）「將軍百戰身名裂，向河梁回頭萬里，故人長絕」是描寫蘇武歸漢，李陵送別的淒絕之情。

（D）「漢皇重色思傾國，御宇多年求不得。楊家有女初長成，養在深閨人未識」是描述唐明皇寵愛楊貴妃之事。

（E）「勝敗兵家事不期，包羞忍恥是男兒。江東子弟多才俊，捲土重來未可知」是對項羽烏江自刎之事的惋惜與感慨。〈88大學考〉

參考答案：（BCDE）

解答說明：（A）「傲殺人間萬戶侯，不識字煙波釣叟」出自元·白樸的曲。

46. 古人言談、行文常使用「謙詞」，以示自我謙抑。下列文句「　」內的詞語，屬於謙詞的選項是：

（A）句踐之困於會稽而歸，「臣妾」於吳者，三年而不倦。

（B）若舍鄭以爲「東道主」，行李之往來，共其乏困，君亦無所害。

（C）今南方已定，兵甲已足，當獎率三軍，北定中原，庶竭「駑鈍」，攘除姦凶，興復漢室，還于舊都。

（D）（孟嘗君）謝曰：文倦於事，憒於憂，而性懧愚，沉於國家之事，開罪於先生。先生「不羞」，乃有意欲爲收責於薛乎。〈94年度大學指考〉

參考答案：（C）

測驗目標：測驗學生對「謙詞」的了解。屬於「指定考科測驗目標」中的「能理解、辨析古今語法、語義等之特徵與差異」。

解答說明：

（A）動詞。做奴僕，男稱臣，女稱妾。出自蘇軾〈留侯論〉。「臣妾」是作者的敘述，非句踐的謙詞。白話語譯：越王句踐被圍困在會稽，歸順吳國，就到吳國當奴僕，整整三年沒有一點倦怠。

（B）名詞。東征道路上的主人。出自《左傳．燭之武退秦師》。這是燭之武中性的說法，並無自謙的成分。白話語譯：如果放過鄭國，把鄭國作爲貴國東征路上的主人，貴國使者往來經過鄭國，鄭國可以供應一切的補給品，以盡地主之誼，這樣對你們並沒有什麼害處。

（C）名詞。謙稱自己才能低劣，故屬於謙詞。出自諸葛亮〈出師表〉。這是諸葛亮對劉禪的謙詞。白話語譯：現在南方已經平定，武器和裝備十分充足，應該獎勵鼓舞士氣，率領軍隊北伐平定中原，希望竭盡我低劣的才能，消滅曹魏，復興漢室，還都洛陽。

（D）出自《戰國策．齊策．馮諼客孟嘗君》，「不羞」，不以爲羞、不見怪的意思。本句意旨：孟嘗君自責未能主動邀見馮諼，並希望馮諼能爲他到薛國收債。

47.閱讀下文，□內依序最適合填入的選項是：

鳳凰樹別有情懷，抖盡一身花葉，換來一掛掛的長刀，帶刀的枝椏□□□地挺立著，□□指向灰陰的天空，似乎完全不記省軀體上曾經附著過一排排的□□，應說是倔強罷，就算北風狂起，它也不肯低頭。（阿盛〈嘉南平原四題・鳳凰樹〉）

〈97年大學學測〉

（A）興沖沖／欣然／火柴
（B）空盪盪／傲然／火種
（C）靜悄悄／竟然／火星
（D）懶洋洋／凜然／火炬

參考答案：（B）

測驗目標：文句鑑賞與修辭的能力。

解答說明：從「抖盡一身花葉」可知，帶刀的枝椏應是「空盪盪地」挺立著；從後文「應說是倔強罷」，可判斷應是「傲然」指向天空；鳳凰樹

又稱作「火樹」，形容鳳凰花綻放時，花朵如同火焰一般，故此處
以「火種」來形容綻放前的花苞爲宜。

◎48.運用昆蟲的特性形成借代或譬喻，是漢語常見的表達方式。例如古人認爲蜾
蠃養螟蛉爲己子，因此稱「養子」爲「螟蛉子」。下列敘述，正確的選項
是：

（A）「蜉蝣」壽命極短，故以「寄蜉蝣於天地」比喻人生短暫。
（B）「螳螂」前足強健，狀如鐮刀，故以「螳臂當車」比喻銳不可當。
（C）「蚍蜉」是螞蟻，力量弱小，故以「蚍蜉撼樹」比喻小兵立大功。
（D）「蜩螗」是蟬，鳴聲響亮，「國事蜩螗」即以蟬鳴喧天比喻國運昌盛。
（E）「蜻蜓」在飛行中反覆以尾部貼水產卵，古人視爲其特有的飛行方式，
故以「蜻蜓點水」比喻浮學不精或點到即止。〈93大學指科〉

參考答案：（AE）

解答說明：（B）比喻自不量力。（C）蚍蜉是大螞蟻、小螞蟻，大小螞蟻想
去搖撼大樹，其意思與「螳臂當車」相同。（D）蜩螗，音ㄊㄧㄠˊ

ㄊㄤˊ，因蟬聲嘈雜，故用以比喻喧譁紛亂。

◎49.國人向來忌諱直接說「死」，因此有不少替代的詞彙。下列文句「　」的詞，意指「去世」的選項是：

（Ａ）苦絳珠「魂歸離恨天」，病神瑛淚灑相思地。

（Ｂ）臣以險釁，夙遭閔凶。生孩六月，慈父「見背」。

（Ｃ）彼「屍居餘氣」，不足畏也。諸妓知其無成，去者眾矣。

（Ｄ）日月逝於上，體貌衰於下，忽然與萬物「遷化」，斯志士之大痛也。

（Ｅ）凶年饑歲，君之民，老弱「轉乎溝壑」，壯者散而之四方者，幾千人矣。

〈90大考〉

參考答案：（ＡＢＤＥ）

解答說明：（Ｃ）類似行屍走肉。

◎50.下列文句中「　」內的詞語，使用正確的選項是：

（Ａ）人家說東，他就偏要說西，眞是「引喻失義」。

（B）大師一進會場，聽眾個個「正襟危坐」，屏息以待。
（C）他總是爲朋友兩肋插刀，常擔任「抱薪救火」的角色。
（D）爲政者如果「闇然媚世」，一味取悅選民，將爲君子所不齒。
（E）古人常強調「不役於物」，足見古代早有保育動物、維護生態的觀念。

〈92指科〉

參考答案：（BD）

解答說明：（A）指比喻錯誤而錯失原義（C）抱薪救水，有如火上加油也。
（E）不受外物所奴役。

51.下列各文句「　」內的字，讀音相同的選項是：
（A）白髮「皤」皤的老者向西王母祈求「蟠」桃，以期延年益壽。
（B）看到遍地餓「殍」，讓人不由心生寄「蜉」蝣於天地的感慨。
（C）阿郎誤蹈法網，身陷囹「圄」，面對年邁的父母，只能慚惶不「語」。
（D）小麗婚禮的「筵」席，山珍海味應有盡有，看了眞令人垂「涎」三尺。

〈97年度大學學測〉

參考答案：（C）

測驗目標：字音的辨識與應用能力。

解答說明：（A）ㄆㄛˊ／ㄆㄢˊ。（B）ㄆㄧㄠˇ／ㄈㄨˊ。（C）ㄩˇ。（D）ㄧㄢˊ／ㄒㄧㄢˊ。

52. 在中國文學史上，宋人特開小說新紀元，以白話體說書、著書。其中先經由講說的方式，再書寫成文的故事稱作「話本」。宋以後的章回小說及戲曲，多受到「話本」的影響。下列作品敘述，何者並未包括在其內？

（A）《會眞記》係王實甫《西廂記》之所本。

（B）《三國志平話》爲羅貫中《三國演義》之前身。

（C）《大宋宣和遺事》即施耐庵《水滸傳》之最早雛型。

（D）《大唐三藏取經詩話》已爲吳承恩《西遊記》的絢麗多彩開啓端倪。

〈97年大學指考、模考題〉

參考答案：（A）

解答說明：（A）《會眞記》又稱《鶯鶯傳》，係唐元稹的傳奇小說，非宋話本。而《西廂記》爲元雜劇，非章回小說。

◎53.在「寒冷將靈魂凍結／我卻還不肯熄滅」這句歌詞中，作詞者運用「化虛爲實」的技巧，將抽象的「靈魂」化爲具象的水，可以被「凍結」，看似無理卻饒富妙趣。下列歌詞「　」內的兩個詞語間，使用相同手法的選項是：

（A）就算整個世界被「寂寞」「綁票」／我也不會奔跑

（B）時光隧道裡／我「擺渡」著「憂愁」／孤獨疲憊的我／又將再流浪

（C）「釉色」「渲染」仕女圖／韻味被私藏／而妳嫣然的一笑如含苞待放

（D）當所有的花都遺忘了你睡著的臉／「群星」在我等速飛行時驚呼「墜落」

（E）有一個地方叫做故鄉／它留些「記憶」叫我「遺忘」／卻總在淚濕枕巾的午夜哦盪漾

〈97年度大學學測〉

參考答案：（AB）

測驗目標：測試學生對修辭的辨識與應用。

解答說明：題幹所引歌詞是趙薇演唱的〈漸漸〉。（A）化抽象的「寂寞」爲可以被「綁票」的實體。出自蘇打綠演唱的〈小情歌〉。（B）化抽象的「憂愁」爲可供「擺渡」的實體。出自紀曉君演唱的〈故鄉普悠瑪〉。（C）出自周杰倫演唱的〈青花瓷〉。（D）出自陳姍妮演唱的〈乘噴射機離去〉。（E）出自陳昇演唱的〈鄉〉。

◎54.下列詩句表露詩人心中悠然自得之樂的選項是：

（A）雲淡風輕近午天，傍花隨柳過前川。時人不識余心樂，將謂偷閒學少年。

（B）渺渺孤城白水環，舳艫人語夕霏間。林梢一抹青如畫，應是淮流轉處山。

（C）昔日齷齪不足誇，今朝放蕩思無涯。春風得意馬蹄疾，一日看盡長安花。

（D）中歲頗好道，晚家南山陲。興來每獨往，勝事空自知。行到水窮處，坐看雲起時。偶然值鄰叟，談笑無還期。

（E）劍外忽傳收薊北，初聞涕淚滿衣裳。卻看妻子愁何在，漫卷詩書喜欲狂。白日放歌須縱酒，青春作伴好還鄉。即從巴峽穿巫峽，便下襄陽向

洛陽。〈95年大學學測〉

參考答案：（AD）

解答說明：（A）程顥此詩寫出輕鬆自在遊山玩水（B）此詩寫出夕照之景，因爲有「渺渺」、「孤」等用詞，並不以悠然自得的情緒爲主（C）孟郊全詩寫及登科後的得意與張狂，情境與「自得」差距甚遠（D）寫出王維晚年自得的情致（E）全詩寫杜甫聽到官兵勝利的狂喜之情。

◎55.下列文句，完全沒有錯別字的選項是：

（A）金庸的武俠小說，人物鮮活，情節玄疑緊張，讓讀者愛不釋手。

（B）暴雨過後，家園頓成澤國，舉目所見，一片狼藉，令人怵目驚心。

（C）恬不知恥的政客，在輿論沸騰的批評下，依然裝模作樣，我行我素。

（D）老李見大夥兒使出渾身解數展現最佳的歌喉，便也不甘勢弱上臺飆歌。

（E）王小姐習慣以嬌揉造作、忸怩作態的方式待人，讓人摸不透她的眞面目。〈94年大學指考〉

參考答案：（BC）

測驗目標：測驗學生對字形的了解。屬於「指定考科驗目標」中的「能評判不同媒材中應用性文字之精確與合宜性」。

解答說明：（A）「玄」疑→懸（D）不甘「勢」弱→示（E）「嬌」揉造作→矯。

◎56.關於下引文字，敘述正確的選項是：

曾子之妻之市，其子隨之而泣，其母曰：「女還，顧反爲女殺彘。」妻適市來，曾子欲捕彘殺之，妻止之曰：「特與嬰兒戲耳。」曾子曰：「嬰兒非與戲也！嬰兒非有知也，待父母而學者也，聽父母之教。今子欺之，是教子欺也。母欺子，子而不信其母，非所以成教也。」遂烹彘。（《韓非子．外儲說左上》）

（A）「其母」指曾子之母。

（B）曾子認爲：即便是對待孩童也要遵守諾言。

（C）從「女還，顧反爲女殺彘」一句，可知嬰兒當爲女嬰。

（D）「曾子之妻之市」，前後兩個「之」的詞性、意義皆相同。

（E）「今子欺之，是教子欺也」，前後兩個「子」字所稱對象不同。

參考答案：（BE）　〈95年大學學測〉

解答說明：（A）「其母」指曾子的太太、小孩的母親（C）「女還，顧反爲女殺彘」的「女」皆爲「汝」，即是第二人稱代名詞（D）前一「之」爲介詞「的」；後一「之」爲動詞「往」（E）前一個「子」指曾子之妻，後一個「子」指小孩子。

◎57.古今語詞的意義，有時會從正面或中性轉變爲負面的意義，如杜甫詩「搖落深知宋玉悲，風流儒雅亦吾師」，詩中的「風流」和現在戲稱人「老風流」的用法，意義已由正面轉爲負面。下列文句「　」內古今語詞意義也是如此轉變的選項是：

（A）士生斯時，無他事業，精神「技倆」，悉見於詩。／老陳的「技倆」早已爲人看穿，無人相信了。

（B）日中則昃，月盈則食，天地盈虛，與時「消息」。／近年來天災人禍不斷，所聞盡是令人沮喪的壞「消息」。

（C）主稱會面難，一舉累十觴。十觴亦不醉，感子「故意」長。／弟弟頑劣成性，每次師長說話，他都「故意」唱反調。

（D）後自知非，「變節」從學，鄉賦擢第，累遷至御史。／對日抗戰時，那些向日本「變節」投降的人，後來都遭到嚴厲的譴責。

（E）四方行教者，技藝悉精，並諸殺法，名曰「打手」；苟招而致之，不唯能戰，並可教戰。／一位武藝高強的師父，竟然淪爲黑社會「打手」。

〈94年大學指考〉

參考答案：（ABC）

測驗目標：學生對語詞意義轉變的了解。屬於「指定考科測驗目標」中的「能理解、辨析古今語法、語義等之特徵與差異」。

解答說明甲：

（A）本事、手段或技能。出自宋・俞文豹《吹劍錄》。白話語譯：「讀書人生在這個時代，沒有別的事業成果，所有技能和本事都表現在詩上面。」／不正當的手段，含有貶意。

（B）榮枯興衰。出自《易經・豐卦》。白話語譯：「太陽到了正午就會西斜，月圓滿了就會缺損，天地的盛衰，隨著時令而消長改變。」／訊息，古今詞義發生全面性的改變。

（C）老朋友之間的情意。出自杜甫〈贈衛八處士〉。白話語譯：「主人說久別重逢太難得，連連勸酒，一會兒已喝了十杯。就算連喝十杯也不會醉，只因深深感受到老友的情意。」／存心、有意。

解答說明乙：二者意思不同，一反一正，但是二者本來意思一點相關都沒有，是否合乎題幹敘述的條件則有爭議。

（D）泛指改變舊有的志向或作爲，偏於褒義。出自唐．高仲武《中興間氣集》、《全唐詩．詩人小傳》。白話語譯：「（蘇渙）後來覺悟自己行爲不好，便開始改變習性，努力讀書向學，參加科舉中第，官做到御史。」／投降敵人，喪失氣節。屬於貶義。

（E）精於武技，勇敢善戰的人。出自清．魏禧《兵跡》。白話語譯：「到處去教人的，各種武藝都很精湛，還懂得各種殺人方法，稱爲『打手』；如果能請他們過來效力，不只自己能打仗，還能教人打仗。」／受人僱用、幫人打架的人，由正面意思轉爲負面意思。

◎特別說明

但是根據《流氓的歷史》（高秀清、張立鵬著，中國文史出版社）引顧公燮《丹午筆記．打降》：『打行』原是明代存在於三吳一帶的流氓組織，其間的參加者都是一些職業打手。這種組織至清代仍存在。在清代流氓中，也有專事架的『打手』。

58.成語連連看

說明：

1.下列表格中共有九個成語。或由上而下，或由左而右，或由右而左，或左、右對角線，請找出這九個成語，並寫在答案紙上。

2.請標明題號1.2.3.……一個成語一分，不必照順序，字形完全正確才給分。

豐	外	染	圓	大	恩	譽	榮	厚	觀
俸	內	巷	目	西	情	物	德	仁	弔
書	難	竹	罄	濡	刃	徑	由	不	行
玉	酒	空	馮	方	耳	有	吐	者	耀
樹	中	虛	夷	及	斧	哺	吞	人	高
臨	御	統	四	澤	握	山	舟	壁	士
風	臺	世	梢	髮	手	高	樂	污	插
韻	細	井	風	濁	清	水	泗	科	去
至	之	家	國	枯	短	長	打	穢	亡
晷	繼	膏	焚	照	明	諱	刀	反	薄

〈97年大學指考、模考題〉

解答說明：

1. 吐哺握髮：形容求賢殷切。

2. 行不由徑：走路不走捷徑。比喻行爲光明正大，不投機取巧。

3. 焚膏繼晷：膏，油脂，指燈燭。晷，日影、日光。焚膏繼晷指燃燒燈燭一直到白天日光出現。形容夜以繼日地勤讀不怠。

4. 插科打諢：本指戲劇表演時，以滑稽的動作或言語引人發笑。亦泛指引人發笑的舉動或言談。

5. 山高水長：像山一樣的高聳，像水一樣的長流。比喻人品高潔，垂範久遠。亦用以比喻情誼或恩德深厚。

6. 耳濡目染：聽熟了，看慣了，因而深受影響。

7. 罄竹難書：即使把所有竹子做成竹簡，也難以寫盡。後遂用以比喻罪狀之多，難以寫盡。

8. 馮虛御風：在空中乘風飛行。

9. 玉樹臨風：形容人年少才貌出眾。

59.「若乃春風春鳥，秋月秋蟬，夏雲暑雨，冬月祁寒，斯四候之感諸詩者也。嘉會寄詩以親，離群託詩以怨。至於楚臣去境，漢妾辭宮；或骨橫朔野，或魂逐飛蓬；或負戈外戍，殺氣雄邊；塞客衣單，孀閨淚盡；或士有解佩出朝，一去忘返；女有揚蛾入寵，再盼傾國。凡斯種種，感蕩心靈，非陳詩何以展其義？非長歌何以騁其情？故曰：『　　』，使窮賤易安，幽居靡悶，莫尚於詩矣。」（鍾嶸《詩品．序》）

推敲上述文意，缺空處宜填入：

（A）詩可以興，可以觀

（B）詩可以群，可以怨

（C）溫柔敦厚，詩教也

（D）不學詩，無以言；不學禮，無以立　〈97年大學指考、模考題〉

參考答案：（B）

解答說明：白話語譯：「至於春天的風，春天的鳥；秋天的月，秋天的蟬，夏天的雲，暑天的雨，冬天的嚴寒，這些都是四季節候變化在詩歌的反映。盛會上可以借詩來表達親愛，離群時靠詩來寄託幽怨。至於屈原被放逐離開國都，王昭君辭別漢宮出塞；或者屍骨棄置於塞北，或者魂魄像飛蓬一樣飄泊；或者肩背武器，守衛邊疆，邊關之地充滿殺氣；塞外的客子衣裳單薄，閨中的寡婦淚流已乾；或者有棄官離職的士人，一去不復返；也有美女入宮受寵，再次顧盼就傾國傾城。凡此種種，都激盪著詩人的心靈，不以詩歌抒發怎能展現他們的情思？不放聲高歌又怎能馳騁他們的情懷？所以說：『詩歌可以使人群和睦，可以表現怨憤。』能使窮困低賤的人和悅安樂，能使幽獨隱居的人沒有憂悶，沒有比詩歌更好的。」

60.下列各文句□內應填入的字依序是：

（甲）讀書人除了追求豐富的知識之外，更重要是涵養胸襟□識。

（乙）他的才華、道德、學問和能力都出類拔萃不是一般人所能□及。

（丙）這兩位網球選手搭配雙打的時間已經很久，因此培養出絕佳的默□。

〈97年度大學學測〉

（A）氣／契／器（B）契／企／器（C）氣／器／契（D）器／企／契

參考答案：（D）

測驗目標：字形的辨識與應用能力。

解答說明：器識：氣度才識／企及：趕上／默契：雙方不用語言彼此情意暗合。

國家圖書館出版品預行編目資料

輕鬆讀寓言　快樂得高分 / 陳美儒著 . -- 初版 . --
臺北市：麥田, 城邦文化出版：家庭傳媒城邦分公司發行, 2008.04
面；　公分 . --（滿分學習；1）

ISBN 978-986-173-351-7（平裝）

855　　96020724

滿分學習01
輕鬆讀寓言　快樂得高分

作　　者　陳美儒
封面設計　黃起祥
內頁設計　梅健呈
責任編輯　鍾平
副總編輯　林秀梅
總 經 理　陳蕙慧
發 行 人　凃玉雲
出　　版　麥田出版
城邦文化事業股份有限公司
100台北市中正區信義路二段213號11樓
電話：(886)2-23560933　傳真：(886)2-23516320; 23519179
發　　行　英屬蓋曼群島商家庭傳媒股份有限公司城邦分公司
104台北市中山區民生東路二段141號2樓
客服服務專線：(886)2-25007718；25007719
24小時傳真專線：(886)2-25001990；25001991
服務時間：週一至週五上午09:00~12:00；下午13:00~17:00
劃撥帳號：19863813；戶名：書虫股份有限公司
讀者服務信箱：service@readingclub.com.tw
麥田部落格　http://blog.pixnet.net/ryefield
香港發行所　城邦(香港)出版集團有限公司
香港灣仔軒尼詩道235號3樓
電話：(852)25086231或25086217　傳真：(852)25789337
E-mail：hkcite@biznetvigator.com
馬新發行所　城邦（馬新）出版集團有限公司【Cite(M) Sdn. Bhd.(458372U)】
11,Jalan 30D/146, Desa Tasik, Sungai Besi,
57000 Kuala Lumpur, Malaysia.
電話：(60)3-90563833　傳真：(60)3-90562833
E-mail：citecite@streamyx.com
印　　刷　成陽印刷股份有限公司
初版一刷　2008年4月1日
初版五刷　2011年1月4日

特價：299元
ISBN　978-986-173-351-7